DAILY
法学選書

労務管理者必携！

パワハラとメンタルヘルス対策の法律知識

デイリー法学選書編修委員会［編］

三省堂

はじめに

職場におけるハラスメント問題が急増する中、令和元年に改正労働施策総合推進法が成立しました。ハラスメントは、受けた被害者に対して肉体的・精神的苦痛を与えるだけでなく、企業にとっても職場環境の悪化や社会的評価の低下など、深刻な悪影響を及ぼす可能性があります。今後は、適切なハラスメント対策をとることが、企業にとってますます重要な課題のひとつとなるでしょう。

ただ、企業がハラスメント対策に取り組むといっても簡単なことではありません。働き方や価値観の多様化、社会情勢の変化などによって、ハラスメントも複雑化しているからです。企業がハラスメントに対して適切な対策をとるためには、ハラスメントの性質や内容をしっかりと理解することが重要です。

本書は企業内において発生するハラスメントと、それにより影響を受ける従業員のメンタルヘルスについて、法的な問題点や企業の取るべき対策などを解説した入門書です。改正労働施策総合推進法だけでなく、男女雇用機会均等法、育児・介護休業法などの関係法令の改正にも対応しています。

ハラスメントについては、パワハラだけでなく、セクハラやマタハラなど、現実に企業で起こりうるハラスメントを幅広く取り上げています。メンタルヘルスについては、従業員に生じるメンタルヘルスの不調を未然に防ぐ方法や、従業員のメンタルヘルスに不調が生じてしまった後に企業がとるべき対策などについて解説しています。

本書をご活用いただき、皆様のお役に立てていただければ監修者として幸いです。

デイリー法学選書編修委員会

Contents

第２章　パワハラの法律問題と対策

第３章　セクハラの法律問題と対策

第4章 出産・育児・介護休業とマタハラの法律問題

第5章 その他のハラスメントへの対処法

第6章　メンタルヘルスと安全衛生・社会保険・労働保険

第1章
職場のハラスメント被害をどう予防するか

1 ハラスメントとは

ハラスメントとは

ハラスメント（Harassment）とは、いじめや嫌がらせのことです。令和元年に改正労働施策総合推進法が成立し、令和２年６月より、会社（事業主）はパワハラ対策が義務づけられ（中小企業は令和４年４月から義務づけられます）、職場のハラスメント対策がますます重要になっています。

職場における代表的なハラスメントとして、性的な嫌がらせを行うセクシュアルハラスメント（セクハラ）、職場上の地位や権力などに基づき嫌がらせを行うパワーハラスメント（パワハラ）、労働者の妊娠・出産に伴った嫌がらせを行うマタニティハラスメント（マタハラ）などが挙げられます。ハラスメントに関しては、職場という集団において形成される人間関係の中で、無意識のうちに相手に対して不快な思いを与えるなど、当事者がハラスメントであるという自覚のないままに問題が深刻化してしまうという特徴があります。

ハラスメント対策の必要性

厚生労働省によると、平成 30 年度に都道府県労働局に寄せられた相談のうち、セクハラに関する相談件数は 7,639 件にのぼります。マタハラに該当する相談件数は、妊娠・出産に関するハラスメントに限定しても 2,108 件の相談が寄せられています。これにパワハラに関する相談を含めた民事上の個別労働紛争（個々の労働者と会社との間の民事上の紛争）の「いじめ・嫌がらせ」に対する相談件数は、平成 30 年度には 82,797 件に到達しています。

ハラスメントによる被害は、直接的に被害を受けた労働者の権利や

● 主なハラスメントの種類

ハラスメントの種類	内容など
セクシュアルハラスメント	・女性の身体に触れるような行為や性的な発言をすることなど
パワーハラスメント	・職場内での上下関係などを利用し、精神的身体的苦痛を与える行為 ・職場環境を悪化させる行為や言動
モラルハラスメント	倫理や道徳に反した言動により相手を精神的に追い詰める行為など
マタニティハラスメント	妊娠・出産、育児休業の取得を原因とする不利益な取扱いなど
ジェンダーハラスメント	「男性らしさ」「女性らしさ」など性別に基づく不合理な差別など
アカデミーハラスメント	大学などの機関で、優位な立場にある教職員などが学生などに対して、その地位を利用して行う身体的・精神的な嫌がらせなど
スモークハラスメント	相手の意思に反して喫煙をさせたり、強制的に受動喫煙をさせる行為など

利益を侵害する可能性がある行為です。そのため、労働者の安全な職場環境を確保するように配慮する義務（職場環境配慮義務）を負っている会社側は、ハラスメント被害を訴えている労働者の主張に耳を傾け、事実関係を調査した上で、ハラスメント被害の事実が確認できた場合には、ハラスメント行為者に対する懲戒処分などの厳正な対応をとり、ハラスメント被害者の救済に必要な措置をとらなければなりません。

さらに、ハラスメント被害が存在するような職場環境の下では、ハラスメント被害者以外の労働者の労働意欲も低下するおそれがあります。場合によっては、会社全体の業務の停滞を招きかねません。会社としては、職場におけるハラスメントについて、これを防止するための法律上の義務を理解して、ハラスメント被害を未然に防止するための研修・啓発などの活動を充実させることや、ハラスメント被害の申告を行いやすくするための体制を構築することなど、主体的にハラスメント対策に取り組む必要があります。

Q 上司がヘビースモーカーで、職場内に煙が蔓延して部下が苦痛を受けています。上司の行為はスモークハラスメントでしょうか。対策を講じない会社に法的責任が生じることはあるのでしょうか。

A 上司の行為はスモークハラスメントに該当し、会社が安全配慮義務違反などに問われる可能性があります。

スモークハラスメント（スモハラ）とは、喫煙者が非喫煙者などに対して、タバコを通じて苦痛を与える行為です。

たとえば、嫌がる部下に対して、上司が喫煙を強要する行為などが該当します。喫煙をすることに業務上の必要性があるとは認められないため、職場での人間関係（上下関係）に基づき、上司が部下に対して強制的に喫煙させる行為は、スモハラに該当します（パワハラに該当する可能性もあります）。

また、タバコに関しては、直接的に煙を吸い込む以外にも、蔓延する煙が他者に対して苦痛を与えることもあります。このように、喫煙者の周囲にいる者が、そこから発生する煙を吸うことを受動喫煙といいます。とくに喫煙者が上司の場合には、部下が喫煙をやめるように進言することは難しく、半ば強制的に受動喫煙を強制されている環境の中で働かざるを得ない状況が発生します。本ケースで上司の行為がスモハラにあたるか否かについては、不可避的な受動喫煙の強制にあたるか否かが問題になるといえます。

受動喫煙について、労働安全衛生法は、会社（事業者）に対して受動喫煙を防止するための適切な措置を講ずる努力義務を課しています。さらに、健康増進法は、多数の者が利用する施設を管理する者に対して、受動喫煙を防止するための措置を講ずる措置義務を課しています。とくに令和２年４月以降、会社の事務所を含めた多数の者が利用する

スモークハラスメントに対する法的責任

● 会社は労働者に対して雇用契約上の安全配慮義務を負う

⇓

会社が受動喫煙対策を講じなかった結果、労働者に健康被害が発生した場合は、安全配慮義務違反により損害賠償責任を負う可能性がある

※職場における受動喫煙防止対策の具体的な内容は、厚生労働省のガイドラインに具体的に示されている

施設（健康増進法では「第二種施設」と定義しています）の屋内が原則禁煙（喫煙専用室のみ喫煙可能）となりました。これらの規定を受けて、厚生労働省はガイドラインを設け、労働安全衛生法上の努力義務と健康増進法上の措置義務の具体的な内容を一体的に定めています。たとえば、以下のような内容を定めています。

・受動喫煙防止対策推進計画の策定などの組織的対策
・全面禁煙または喫煙専用室の設置などの分煙措置
・勤務シフト、勤務フロア、導線などの工夫
・妊婦などへの特別な配慮

都道府県知事は、屋内原則禁煙などの健康増進法の規定に違反する会社（事業者）に対して勧告・命令ができます。会社が勧告に従わないと、その事実が公表される可能性があり、命令に従わないと罰則が科される可能性があります。本ケースのように部下が受動喫煙を事実上強制されている状態は、会社側の雇用契約上の安全配慮義務違反となる可能性があります。そのため、受動喫煙によって部下に健康被害が発生した場合には、会社はその部下に対して、安全配慮義務違反による損害賠償責任を負う可能性があります。

2 ハラスメント被害

ハラスメントによりどんな被害があるのか

ハラスメントは、発言や行為（言動）により行われます。たとえば、仕事のミスを叱責する際に、上司が部下の頬をたたくこともハラスメントとのひとつです。そのため、ハラスメントにより身体に傷害を負うという被害を受けることもあります。

ハラスメントとして問題になっている多くのケースは、発言による場合です。たとえば、上司が部下に対して、人格を否定する発言をするパワハラや、卑猥な発言を行うセクハラなどがあります。この場合、身体に傷害を負うことはありませんが、精神疾患などを負うことがあります。このように、精神的に影響を及ぼし、精神疾患や強いストレスを感じる状態をメンタルヘルス不調といいます。

どんなハラスメントが多いのか

職場におけるハラスメントの多くを占めるのがパワハラやセクハラです。パワハラやセクハラは、マタハラのように被害者側の妊娠・出産といった特別の事情に左右されることなく行われるからです。

ハラスメントは、労働者に対して重大な被害を発生させることもあります。うつ病などの精神疾患を生じさせる者や、場合によっては、継続するハラスメントの苦痛から逃れるために命を自ら断つ人もいます。それだけでなく、ハラスメントは、職場の空気を悪化させ、労働者にとって働きづらい環境を生み出すことにもつながります。働きづらい環境になると、労働者の生産性が落ち、会社の利益を上げることが難しくなります。

このように、ハラスメントは、労働者だけでなく会社に対しても、

● ハラスメント被害

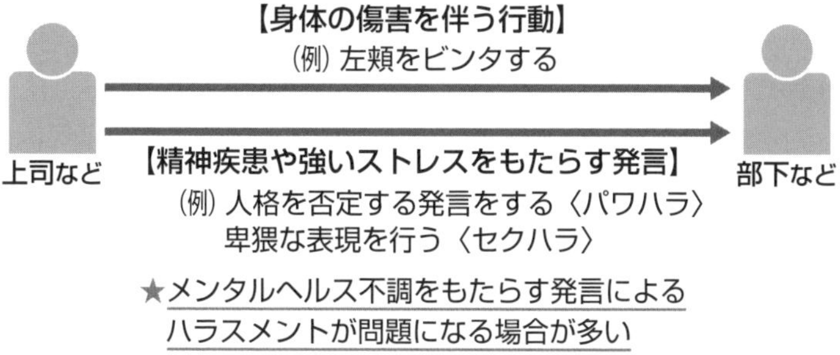

さまざまな害悪を生じさせることから、未然に防止するように努めるとともに、ハラスメントが発生したときは早期に解決させることが重要です。ハラスメントの防止や早期解決をするために、役職者などにハラスメント予防の研修を受けさせることや、相談窓口を設けるなどの方法がありますが、これらは手間やコストがかかることから、真摯に取り組んでいない会社も存在するようです。

その他、悪評が立つことをおそれ、泣き寝入りする被害者がいることも、ハラスメントを放置する原因となっています。

どのような対策がとられているのか

ハラスメントが蔓延する状況を改善するため、さまざまな対策がとられています。たとえば、精神疾患に関する労災認定の判断基準として、平成23年に「心理的負荷による精神障害の認定基準」が公表されました。これにより、会社がハラスメントによる被害が出ないよう予防をすることが期待されています。

その他にも、平成27年12月から、労働安全衛生法に基づき労働者が50人以上いる事業所におけるストレスチェックの実施が義務化されています。ストレスチェックをすることで、ハラスメントによるメンタルヘルス不調を防止するための施策が促されると考えられています。

3 パワーハラスメントとは

パワハラとは

パワハラ（パワーハラスメント）は、地位や立場を利用した嫌がらせのことです。職場におけるパワハラは、職務上の地位や人間関係などの立場を背景に、業務の適正な範囲を超えて精神的・身体的な苦痛を与える行為や、職場環境を悪化させる行為を指します。上司は部下に日頃から業務について指導しますが、指導の範囲を超えて過度に苦痛を与えるとき、パワハラになります。たとえば、部下がミスを犯したとき、部下の顔面をビンタする行為や、人格を否定するような言葉で叱責する行為は、パワハラにあたる可能性があります。

パワハラに該当する場合

厚生労働省は、パワハラ概念を３つの構成要素に整理し、パワハラに該当する場合を提示しています（次ページ図参照）。この構成要素の提示により、パワハラに該当する行為がどのような場合であるかが理解しやすくなり、より実効的な防止策の創設に活かされると考えられています。

構成要素は、①優越的な関係に基づいて行われること、②業務の適正な範囲を超えて行われた言動、③就業環境を害すること、の３つです。

①　優越的な関係に基づいて行われること

優越的な関係は、パワハラを行う者と労働者の関係が、労働者がパワハラを行う者に対して拒絶や抵抗をすることが困難な関係性であることを指します。

②　業務の適正な範囲を超えて行われた言動

業務の適正な範囲を超えているかという点は、言動の目的・経緯・状

● パワハラの構成要素

1 優越的な関係に基づいて行われること

労働者がパワハラを行う者に対して拒絶や抵抗をすることができない関係性であること

(例) 上司の部下に対する行為、業務上必要な知識や経験を豊富に持っている者とそうでない者の関係など

2 業務の適正な範囲を超えて行われた言動

諸事情を考慮し、業務上の必要性があるか、また、態様が相当なものであるかによって判断する

(例) 業務上明らかに必要性のない行為は業務の適正な範囲外と判断される可能性がある

3 就業環境を害すること

苦痛を与える行為や就業環境を害する行為にあたるか否かは、平均的な労働者の感じ方を基準に判断する

(例) 暴力や暴言だけでなく、過度な叱責も就業環境を害する行為と判断される可能性がある

況・態様・頻度・継続性、業種・業態、業務の内容・性質、労働者の属性・心身の状況・行為者との関係などを考慮し、業務上の必要性があるか、また、態様が相当なものかによって判断します。

③　**就業環境を害すること**

言動により労働者が身体的または精神的に苦痛を与えられ、労働者の就業環境が不快なものとなったため、能力の発揮に重大な悪影響が生じるなどの支障が生じることです。たとえば、暴力を加え、傷害を負わせる行為や、暴言などにより人格を否定する行為、大声で怒鳴るなどの厳しい叱責を執拗に繰り返すなどは、就業環境を害する行為といえます。苦痛や不快の感じ方は人により異なるため、平均的な労働者の感じ方を基準として判断されます。

4 パワハラが発生する原因とリスク

パワハラが起こる原因

パワハラ行為の典型例である上司の部下に対する嫌がらせが発生する原因として、特定の労働者に対する意識の集中が挙げられます。

たとえば、管理職に就いている上司は、通常は複数の部下を抱えており、すべての部下を等しく指導・監督することが求められています。その一方で上司は、会社側から、一定の収益などの数値目標を提示されており、到達しなければならない営業成績などが課せられています。

そして、到達目標を達成するために、部下などに対して指導・監督を行うことになりますが、その際に、特定の労働者が、能力や言動などの点で、到達目標の達成を妨げると思われる場合があります。このような場合に上司は、その特定の労働者の言動に意識を集中させる傾向にあります。

とくに、到達目標達成の期限が迫れば迫るほど、対象の労働者に対する対応が厳しくなる可能性があります。一度意識を集中した労働者に対して、はじめは軽度の注意などで済ませていたようなケースでも、徐々に言動がエスカレートしていき、最終的には、深刻なパワハラ行為に発展する危険性があります。

このように、パワハラ行為の発生する背景として、上司などが到達目標を達成しなければならないというストレスなどが挙げられ、特定の労働者に対する言動が、段階的に程度が深刻化していくという傾向があります。

パワハラを放置すると会社にどんなリスクをもたらすのか

パワハラ行為を受けた労働者は、心身ともに傷を負う可能性があり

● パワハラが会社にもたらすリスク

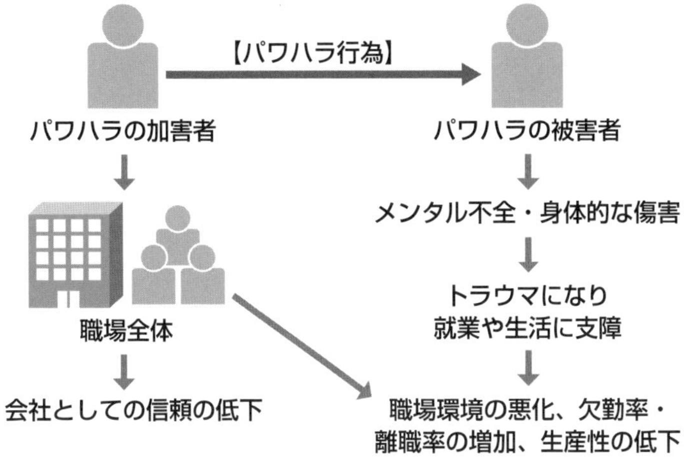

ます。ケガをするなど身体的な負傷も問題ですが、近年では、パワハラ行為が原因になって生じるうつなどのメンタルヘルス不調が問題視されています。パワハラ行為が横行する職場は、パワハラ行為を受けた被害者にとってトラウマなどになるだけでなく、他の労働者の就業意欲などを奪う危険もあります。

また、会社側はパワハラ行為が発生した場合には、使用者責任などの法的責任を負う可能性があります。それに加えて、パワハラが会社にもたらすリスクとして、労災問題も上げることができます。たとえば、パワハラ行為によってうつ病を発症した労働者が自殺した場合に、裁判例において労働災害として認定し、会社に対して雇用契約上の安全配慮義務違反に基づく損害賠償責任を認めたケースがあります。

したがって、会社側としては、一般的にパワハラ行為を防止する義務を負っているとともに、パワハラ行為が発生した場合には労働災害にあたる可能性があるということを認識する必要があります。

5 セクシュアルハラスメントとは

セクハラとは何か

セクハラとは、セクシュアルハラスメントの略語であり、性的嫌がらせを指します。男女雇用機会均等法によれば、職場におけるセクハラとは、「職場において行われる性的な言動に対するその雇用する労働者の対応により、その労働者が労働条件について不利益を受け、または性的な言動により当労働者の就業環境が害されること」です。

したがって、職場におけるセクハラについては、①「職場」において行われること、②対象になる者が「労働者」であること、③対象になる言動が「性的な言動」であること、の３つの要件を満たす必要があります。

①　セクハラが行われる「職場」

会社が雇い入れている労働者が就業する場所を指します。会社の事務所や工場などが「職場」に含まれることはもちろん、会社の外であっても「職場」に含まれる場合もあります。たとえば、取引先の事務所など労働者が業務を遂行する場所が「職場」に該当し、そこで行われる性的嫌がらせはセクハラに該当する可能性があります。また、会社で実施される忘年会などの宴会についても、労働者が強制的に参加せざるを得ないなど、業務の遂行と関連性が深い場合には、その宴会が行われる場所が「職場」に該当し、そこで行われる性的嫌がらせがセクハラに該当する可能性があります。

②　セクハラの対象になる「労働者」

会社が雇い入れているすべての労働者を指します。雇用形態による区別はありませんので、パートタイマー、アルバイト、派遣社員などについても、セクハラにおける「労働者」に該当します。

● セクハラとは

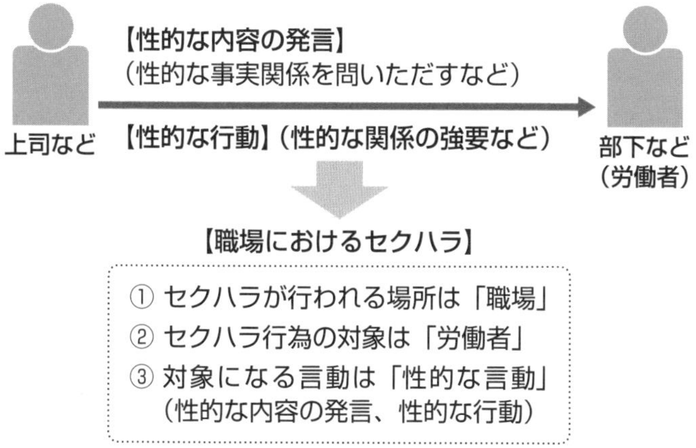

③　セクハラに該当する「性的な言動」

労働者の意思に反して行われる性的な言動をいいます。具体的な内容は「セクハラに該当する言動とは」として取り上げますが、上司の部下に対する言動だけでなく、同僚や取引相手による言動についても、セクハラに該当する場合がある点に留意が必要です。

セクハラに該当する言動とは

セクハラに該当する「性的な言動」は、性的な内容の発言と性的な行動とに大きく分類することができます。

性的な内容の発言とは、たとえば、性的な経験について話すことを強要するなど、労働者に対して性的な事実関係について問いただす言動などが挙げられます。また、嫌がる労働者を食事などに執拗に勧誘する言動なども、性的な内容の発言に該当する可能性があります。

性的な行動とは、性的な関係を強要する行為などが挙げられます。執拗に身体に接触する行為や、嫌がる労働者にわいせつな画像を見せる行為なども、性的な行動に含まれます。

6 マタニティハラスメントとは

マタニティハラスメントとは

マタニティハラスメントとは、労働者の妊娠・出産・育児を理由とする職場における嫌がらせです。一般にマタハラと省略して呼ばれており、厚生労働省が公表するマタハラ指針における「妊娠、出産等に関するハラスメント」のことです。マタハラは、妊娠･出産の場合の他、出産後に子の育児を行う場合における嫌がらせも含む広い概念です。

妊娠・出産をするのは女性に限られるため、マタハラは女性労働者に対する嫌がらせを指し、男性労働者が配偶者の出産後、育児休業の取得を希望したときなどに嫌がらせを受けることはパタニティハラスメント（パタハラ）と呼び、マタハラと区別することが可能です。しかし、育児・介護休業法が、労働者の性別を区別することなく、労働者に対する育児休業の取得を権利として保障するなど、とくに育児の場面では、性別の区別なく労働者の権利を保障するのが基本です。そのため、法律上の概念としては、マタハラとパタハラの概念を区別せず、統一的に取り扱っていることを認識しておく必要があります。

マタハラは、大きく分けて不利益取扱い型（⇨ P.88）と嫌がらせ型（⇨ P.84、86）に区別することが可能です。さらに、嫌がらせ型は、制度等の利用への嫌がらせ型と、状態への嫌がらせ型に区別されます。

マタハラに対する国の対策

事業者に対する義務として、男女雇用機会均等法 11 条の 3 は、マタハラ防止のための雇用管理上の措置を義務づけ、育児・介護休業法 25 条は、育児休業等の利用に関する言動により就業環境が害されることのないための雇用管理上の措置を義務づけています。これを受け

● マタハラの「嫌がらせ型」の類型

制度等の利用への嫌がらせ型	母性健康管理措置、危険有害業務の制限、産前・産後休業、育児休業、 軽易な業務への転換、時間外労働などの制限、育児時間などの利用にあたっての嫌がらせ
	具体例：妊娠中を理由に軽易な業務への転換を申し出た部下に対して上司が取り下げるように指示すること
状態への嫌がらせ型	妊娠したことや出産したことに対する嫌がらせ
	具体例：妊娠をした部下に対して、上司が「こんな時期に妊娠するなんて、意識が低い」などと叱責をすること
	妊娠により起こる症状により、業務遂行が困難であったり、労働能率が下がったりすることに関する嫌がらせ
	具体例：つわりのため、複数回席をたつ妊娠中の部下に対して、上司が「その程度で何度も席を立つな」と叱責すること

て、厚生労働省は、それぞれの措置の実施について指針を定めています。男女雇用機会均等法11条の3に関する指針はマタハラ指針と呼ばれています。

なお、ハラスメント対策強化のため、令和元年6月に労働施策総合推進法、男女雇用機会均等法、育児・介護休業法などの改正が公布されました。主な改正事項としては、ハラスメント問題に関する国・事業者・労働者の責務を明確化したこと、ハラスメントの相談をしたことや相談への対応に協力したことを理由とする不利益取扱いの禁止を定めたことなどが挙げられます。ハラスメント問題に関する国・事業者・労働者の責務の内容は、国がハラスメント問題に関する広報・啓発活動などの措置を講じ、事業者が国の措置に協力して社内研修などの措置を講じ、労働者が事業者の措置に協力することです。

7 ハラスメントとメンタルヘルス不調

メンタルヘルス不調とは

メンタルヘルスとは、精神的健康もしくは心の健康という意味です。メンタルヘルス不調（不全）とは、精神的健康もしくは心の健康が完全でない状態のことを指しており、メンタル不調（不全）と省略して呼ばれることもあります。メンタル不調に該当する代表的な病気として、精神疾患のひとつであるうつ病があります。うつ病の患者は増加傾向で、うつ病が原因の自殺などもあり、社会的問題となっています。

厚生労働省が公表している労働安全衛生調査（平成30年）によると、過去1年間にメンタル不調で退職した労働者がいる事業所は全体の5.8%になります。その他には、現在の仕事や職業生活に関することで、強いストレスとなっていると感じる事柄がある労働者の割合が58.0%にもなります。

メンタルヘルス不調の原因

精神疾患の原因については、外因性、心因性、内因性に分けることがあります。外因性は脳や内臓などの身体の病気が原因である場合、心因性は性格や環境が原因である場合、内因性は脳の器質が原因である（脳に何らかの異常がある）場合です。職場におけるハラスメントによってメンタル不調となる場合は、心因性によることが多いと考えられます。

ハラスメントが行われると、ハラスメントの被害者はストレスを受けます。とくに職場は生活の中心となることが多く、その中でハラスメントを継続的に受けることは、ストレスを長期にわたり受けることにつながります。もっとも、ハラスメントを受けることで、誰もがメ

● メンタルヘルス不調の原因と主な症状

メンタルヘルス不調の原因	
外因性	身体（脳や内臓など）の病気が原因の場合
心因性	性格や環境が原因の場合
内因性	脳の器質が原因の場合
メンタルヘルス不調の主な症状	
体調不良	不眠
	頭痛
	吐き気
	下痢
精神疾患	うつ病など ⇒ 業務の遂行が困難になる

ンタル不調に陥るとは限りません。ストレスを受けやすい特徴をもっているのか、どのような言動によってストレスを受けるのかなどは、各人によって異なるからです。その他、家族による支援の有無、仕事のやりがいなど、さまざまな事情がメンタル不調に影響を及ぼすと考えられます。

職場でのハラスメントが続くとどうなる

　職場でのハラスメントが続くと、ストレスから不眠、頭痛、吐き気、下痢などの体調不良に陥ることがある他、精神疾患であるうつ病などを発症することもあります。うつ病を発症するまでに至ると、十分に業務を行うことはできなくなるでしょう。

　労働者が十分に業務を行うことができない状況は、会社としては大きな損失です。ハラスメントを原因としてうつ病に陥った労働者から損害賠償請求を受けるような事態になれば、金銭的損失を被るだけでなく、社会的信用も失いかねません。そして、職場でのハラスメントが続く状態では、被害者以外の労働者の士気が低下し、生産性が低くなり、会社の業績が低下することになる可能性もあります。

8 メンタル疾患にはどんなものがあるのか

職場で生じるメンタルヘルス疾患とは

ストレスを継続的に受けたり、強いストレスを受けたりすると、メンタルヘルス不調（メンタル不調）に陥ることがあります。メンタル不調は、精神疾患に限らず、ストレス・悩み・不安などが原因で、心の健康が完全でない状態になることを広く含みます。メンタル不調のうち、うつ病などの精神疾患をメンタルヘルス疾患（メンタル疾患）といいます。たとえば、職場で上司からパワハラを受け続けることによるストレスからメンタル不調となり、さらにパワハラが継続することで、うつ病などのメンタル疾患になることがあります。

メンタル疾患は、必ずしもハラスメントが原因で発症するものではありません。しかし、ハラスメントは被害者に大きなストレスを与える行為です。そのため、労働者のメンタル疾患は、職場におけるハラスメントが原因で発症することが多いと考えられます。

メンタル疾患の代表例はうつ病です。うつ病は、脳内物資であるセロトニンなどの分泌に異常が生じ、意欲の低下、無気力などの状態（うつ状態）が１日中にわたり、ほとんど毎日継続する疾患です。

うつ病に似た名前の疾患として躁うつ病があります。躁うつ病とは、躁状態とうつ状態が繰り返される疾患のことです。躁状態とは、うつ状態の逆で、必要以上に意欲が向上する状態のことです。抑うつ状態とは、うつ病と診断される前のメンタル不調の状態のことです。他にもハラスメントにより起こりうる疾患として、不安障害、適応障害、自律神経失調症、統合失調症などがあります。

● 職場で生じるメンタルヘルス疾患とは ……………………

		原因・症状
職場で生じるメンタルヘルス疾患	うつ病	・脳内物資であるセロトニンなどの分泌異常 ・意欲の低下、無気力などのうつ状態が継続する
	躁うつ病	躁状態とうつ状態が繰り返される疾患 ※躁状態は必要以上に意欲が向上する状態をいう
	その他の疾患	不安障害、適応障害、自律神経失調症、統合失調症など

メンタルヘルス疾患に対する適切な対応の必要性

メンタルヘルス疾患（メンタル疾患）は、特定の者だけがかかるものではなく、誰でもかかる可能性があります。メンタル疾患にかかると、治療やリハビリなど、治癒までに時間を要することがあります。そのため、職場でのハラスメントを防止するとともに、ハラスメントが発生しても早期解決に至ることができる体制を整えて、労働者がメンタル疾患になることがないように心がけなければなりません。

メンタル疾患にかかった労働者がいる場合、会社は、適切な対応をしなければなりませんが、それは容易なことではありません。なぜなら、一口にメンタル疾患といっても、その持っている特徴が異なるからです。たとえば、うつ病と躁うつ病は、名前こそ似ていますが、まったく異なる病気です。それぞれに適した対応があります。また、同じ病名でも、疾患にかかった者の性格、考え方、職場環境、人間関係などが同じケースはないに等しく、その者に適した対応をする必要があります。

このように、会社が適切な対応をすることは容易でないため、ハラスメントの被害者に対しては専門医の診断を受けるように勧め、その診断内容に即した対応をすることが重要です。具体的には、休職、配置転換、労働時間の短縮などの適切な対応ができるようにします。

9 ハラスメントを防止する義務と責任

ハラスメント防止義務とは

ハラスメント被害により労働者の就業環境が害されることがないように、会社側には、雇用管理の上で必要な措置をとることが義務づけられています。たとえば、セクハラに関しては男女雇用機会均等法11条が、会社（事業主）に対してセクハラ防止措置をとる義務を課しています。これに基づき、厚生労働省が公表しているセクハラ指針では、①セクハラに対してどのような方針で臨むのかを明確にして労働者に周知・啓発すること、②セクハラに関する相談窓口を設置して労働者の相談に応じること、③セクハラが発生した場合に迅速に事実確認を行い、行為者に対する懲戒処分など必要な対応をとることなどを示しています。会社側が上記の義務を怠った場合には、それに基づき、後述する使用者責任などの法的責任を負う可能性があります。パワハラに関しても、労働施策総合推進法が改正され、令和２年６月以降、会社はパワハラ防止措置をとる義務を負います（中小企業は令和４年３月までは努力義務にとどまります）。

さらに、マタハラについても、男女雇用機会均等法11条の３が、会社に対してマタハラ防止措置をとる義務を課している他、育児休業法などの法律において、妊娠・出産、育児休業などの取得を理由とする嫌がらせについて、会社側が防止する措置をとる義務が規定されています。厚生労働省は、マタハラ防止措置の具体的内容についても指針を示しています。

ハラスメントに関する法的責任

ハラスメントは、これを受けた労働者の人格的利益や就業環境を侵

● ハラスメント防止義務

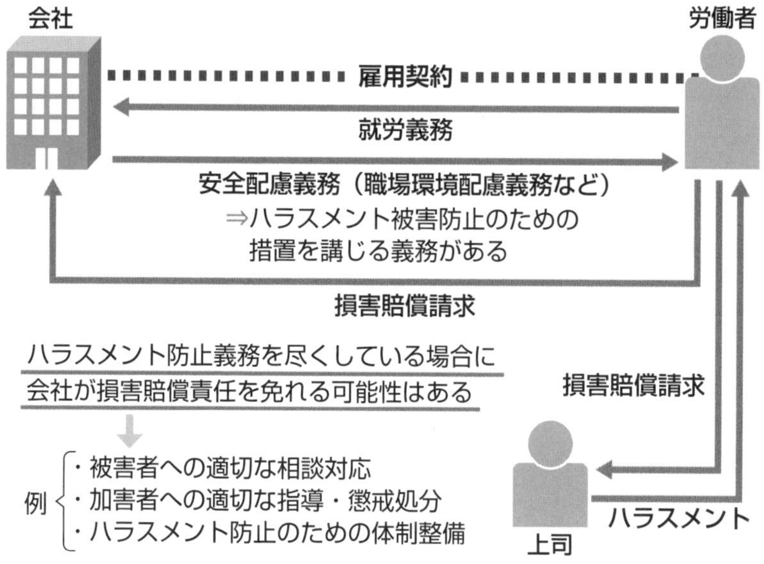

害する行為として、不法行為（民法709条）に該当する場合があります。この場合、ハラスメントの行為者は、被害を受けた労働者に対して、不法行為に基づく損害賠償責任を負います。

また、職場においてハラスメントが発生した際、それが会社の業務の執行に関して行われた場合には、ハラスメントの行為者を雇用する者の責任として、ハラスメントを受けた労働者に対して、会社が使用者責任に基づく損害賠償責任を負う可能性があります（民法715条）。さらに、会社は、雇用契約に基づく安全配慮義務の一環として、労働者に対して良好な職場環境を確保する義務（職場環境配慮義務）を負っています。そのため、ハラスメント被害が発生した場合、会社は、職場環境配慮義務を怠ったものとして、労働者に対して債務不履行に基づく損害賠償責任を負う可能性もあります（民法415条）。ただし、会社がハラスメント防止のための雇用管理上必要な措置を尽くしていれば、会社の責任が否定される余地はあります。

10 ハラスメントの判断基準

損害賠償責任が発生するための要件

パワハラ・セクハラ・マタハラなど、さまざまなハラスメントがありますが、ハラスメントであるとの評価と、損害賠償責任における違法という判断が、必ずしも一致するとは限りません。そのため、パワハラ・セクハラ・マタハラなどのハラスメントの事実が認められても、当然に行為者や会社に損害賠償責任が発生するわけではありません。ハラスメントの行為者の法的責任としては、不法行為が成立するかどうかが問題となります。**不法行為**とは、故意または過失によって、他人の権利または利益を侵害した者、つまり違法な行為をした者が、その他人に発生した損害を賠償しなければならないとする規定です。

一般的にハラスメントであると評価される行為も、損害賠償責任が認められるためには、その行為が不法行為にあたると評価されなければなりません。たとえば、上司の部下に対する言動がパワハラと評価されても、その言動が不法行為にあたると評価されなければ、損害賠償責任は認められず、行為者や会社に損害賠償責任が発生しません。

「平均的な被害者」を基準として違法性を判断する

ハラスメントを違法な行為と評価する際に、まず被害者の主観的な評価を基準にして、問題とすべきハラスメントを特定します。ハラスメントによる損害は、身体的損害やメンタルヘルス疾患などの精神的損害があります。このような損害が発生していないのであれば損害賠償責任を問うことはできないからです。

たとえば、上司が部下にパワハラにあたる行為をしていたとします。しかし、部下が精神的苦痛を感じず、かえって感謝していた場合には、

● ハラスメントに対する損害賠償責任の追及

ハラスメント ⇒ 不法行為と評価される必要がある

- ① **事実の認定**：どのような行為（言動）があったかという問題
- ② **行為の違法性の判断**
  - 被害者の主観的な評価に基づく問題とすべき行為の特定
  - 平均的な被害者を基準にした違法性の有無の判断
- ③ **①・②を通してハラスメントが不法行為として認定される**

☆正当な職務行為にあたると判断される場合には、例外的に違法ではないと判断されるため、不法行為とは認定されない

部下に損害が発生しておらず、損害賠償責任も発生しません。

被害者の主観的な評価を基準にして、問題とすべきハラスメントが特定されたとしても、それだけでハラスメントが違法と評価されるわけではありません。被害者の主観的な評価で違法性を判断すると、不当な結論となりかねないからです。たとえば、上司による部下への言動が通常の指導・指示の範囲であるにもかかわらず、被害者が異常なほど恐怖を感じた場合には、被害者の主観的な評価を基準にすると、通常の指導・指示も違法であると判断されてしまいます。しかし、このような違法性の判断は不当だといえます。

問題となる行為が違法となるかどうかの判断は、**平均的な被害者**を基準にして行われます。平均的な被害者とは、ハラスメントが問題となる場面においては、平均的なストレス耐性を持っている一般的な被害者のことを意味すると考えられています。このような平均的な被害者の視点に立って違法性の有無を判断することで、客観的かつ公平な判断が可能になります。

ハラスメントを不法行為と認定するまでの過程

ハラスメントが不法行為にあたるかどうかを判断するときは、まず事実を認定することからはじまります。たとえば、パワハラが問題となっている場合には、どのような行為（言動）があったかが問題となります。事実認定がなされると、次に、その行為の違法性の判断となります。まず、被害者の主観的な評価を基準に問題とすべき行為が特定されます。もっとも、紛争になっている時点で、被害者は行為者の言動により精神的苦痛を受けたと考えているため、この点が問題となることはあまりありません。被害者がどのように考えているかを最初に聞くとよいでしょう。

次に、平均的な被害者を基準として、その行為の違法性の有無を判断します。平均的なストレス耐性を持っている者が被害者と同じ立場、同じ状況で同じ言動を受けた場合に、過度の精神的苦痛を強く受けることが通常であると判断されると、その言動は違法と評価されます。その判断においては、被害者の環境などを具体的に考慮することが重要です。

個別具体的な状況が重要になる

ハラスメントの違法性を判断する際には、さまざまな事情を考慮して、慎重に判断することになります。裁判で問題となった事例で、部下のＣが、ＡとＢの２人の上司から、「バカかお前は」という発言を受けた他、トランプの最低カードにちなんだあだ名をつけられたなどとして、パワハラが問題となったケースがあります。

この事例において、裁判所は、Ａの言動は、Ｃを侮辱し、指導の域を超えて心理的負荷を過度に蓄積させるものであったため、違法と評価しました。他方、普段のコミュニケーションなどからＢとＣは普段から良好な関係にあり、ＢがＣに対して好意をもって接していたと認定し、Ｂの言動は違法ではないと判断しました。これは、ＡとＣ、Ｂ

とCの人間関係などに着目し、ＡＣ間とＢＣ間で異なる判断をしたといえます。

このように、個別具体的な状況に応じて、違法性の判断に関する結論は変わってきます。上記の事例では、ＢＣ間の良好な関係を前提にすれば、平均的な被害者を基準としたときに、Bの言動によってCが過度の精神的苦痛を受けたとはいえないと判断したものと考えられます。

正当な職務行為

正当な職務行為であれば違法ではなく、不法行為は成立しません。正当な職務行為かどうかの判断にあたっては、業務上の必要があったかという行為の目的と、社会通念上相当な範囲で行われたかという行為の態様を考慮します。

正当な職務行為かどうかは、とくにパワハラに関して問題となります。たとえば、遅刻をした部下に対して口頭で注意する行為は、業務上の必要があります。しかし、その際に人格を否定する発言をするのは、行為の態様として社会通念上相当な範囲を超えるもので、正当な職務行為とは認められないと考えられます。別の例として、自分の気に入らない部下に仕事を与えず、別室や自宅で研修をさせるのは、業務上の必要がない行為であり、正当な職務行為ではないと考えられます。しかし、新入社員に対して短期間集中的に別室で研修をさせるのは、業務上の必要があり正当な職務行為だと考えられます。

以上をまとめると、加害者側に対して不法行為に基づく損害賠償責任を追及するためには、ハラスメントが不法行為と評価される必要があり、不法行為の違法性は、被害者の主観ではなく、個別具体的な状況を踏まえて客観的に判断され、正当な職務行為であれば例外的に違法性が否定されます。

Q 派遣先や出向先の会社は、派遣社員や出向中の社員のハラスメント被害についてどのような法的責任を負うのでしょうか。クレーマーやストーカーなどの被害はどうでしょうか。

A たとえば、派遣労働者がハラスメント被害に遭った場合、派遣先の会社が法的責任を負う場合があります。

派遣労働者がハラスメント被害を受けた場合、必要な対応をとる必要があるのは、原則として派遣元の会社（派遣会社）です。しかし、派遣労働者による労働力の提供先や派遣労働者に対して就業する際に必要な指揮・命令をしているのは、派遣先の会社です。そのため、派遣先の会社は、派遣労働者の安全衛生の確保に関する措置などについて、原則として派遣元の会社と同様の責任を負います。

ハラスメント被害についても、男女雇用機会均等法が規定するセクハラ防止の措置義務や、マタハラ防止の措置義務に関して、派遣元の会社とともに派遣先の会社も、必要な措置をとる義務を負います。さらに、労働施策総合推進法（パワハラ防止法）の改正により、会社（事業主）はパワハラ防止の措置義務を負います。パワハラ指針（⇨P.41）において、派遣先の会社は、派遣元の会社とともに、派遣労働者がパワハラ被害に遭うことがないように必要な措置を講じる義務を負うことが示されています。したがって、派遣先の会社は、派遣元の会社と同様に、ハラスメント防止措置を講じる義務を負っています。そして、派遣先の会社が派遣労働者のハラスメント被害を漫然と放置している場合には、使用者責任（民法715条）などに基づいて、派遣労働者に対して損害賠償責任を負う可能性があります。

なお、セクハラ指針などが、派遣先の会社に対して、派遣労働者に関するハラスメント防止措置を義務づけていることは、派遣労働者が

派遣労働者とハラスメント被害

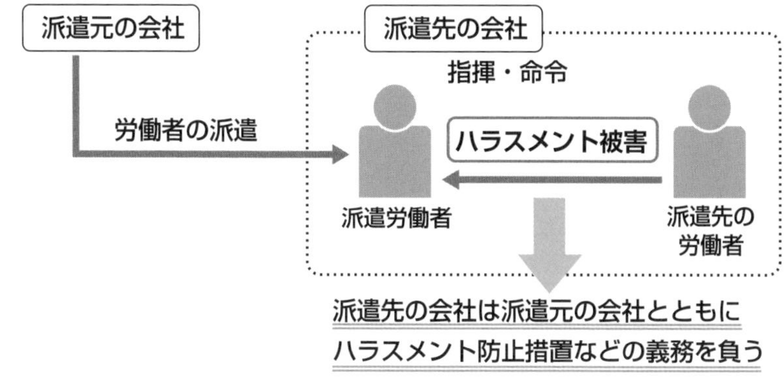

被害者となることだけでなく、派遣労働者が加害者となることについても防止するための措置を義務づけていることを意味します。

出向中の労働者が、出向先においてハラスメント被害を受けた場合も、基本的には派遣労働者と同様に考えることが可能です。出向中の労働者が労務を提供している先は、出向先の会社であるため、出向先の会社は、ハラスメント被害をはじめ、出向中の労働者の就業環境について配慮する義務を負います。裁判例においては、出向中の労働者が、出向先の労働者からパワハラを受けたケースにおいて、出向先の会社に対してハラスメント被害防止の措置義務を怠ったために、使用者責任などを通じて損害賠償責任が認められた事例があります。

なお、派遣労働者や出向中の労働者が、業務に関連して違法あるいは不当なクレーマー被害を受けた場合や、ストーカー被害を受けた場合についても、ハラスメント被害の場合と同様に、派遣先の会社あるいは出向先の会社が、必要な措置をとる義務があり、そのような措置を怠った場合には、これらの会社が、被害を受けた労働者に対して損害賠償責任を負う可能性があります。

Column

コロナハラスメント

新型コロナウイルスの感染が拡大する中で、一部の職場では新型コロナウイルスに起因した不利益な取扱いや嫌がらせ行為が問題になっています。報道では、コロナハラスメント（コロハラ）などと呼ばれています。

コロハラの具体例としては、職場で咳やくしゃみをしただけで、上司から配置転換や自宅待機を命じられた上に、欠勤扱いにされたというケースがあります。さらには、「咳をしたことにより周囲を不安にさせた」という理由で、上司から謝罪を要求されたというケースもあります。また、感染者が確認された地域に住んでいるというだけの理由で、感染しているという噂を社内で流されたり、周囲の社員からあからさまに避けられるなどのケースもあります。

こうした新型コロナウイルスに起因した不利益な取扱いや嫌がらせ行為は、ハラスメント行為に該当します。ハラスメントを受けた社員に何らかの損害が生じた場合、加害者や会社は損害賠償責任を問われる可能性があります。さらに、行き過ぎたハラスメント行為には刑事責任が生じる可能性もあります。たとえば、大勢の社員がいる職場で特定の社員に対して「この社員は新型コロナウイルスに感染している」などと発言をすれば、名誉毀損罪や侮辱罪が成立する可能性があります。また、感染していない社員に対して謝罪や自宅待機など義務のない行為を執拗に迫れば、強要罪が成立する可能性もあります。

ハラスメント行為は、さまざまなことをきっかけに生じるものといえます。そのため、ハラスメント防止のための啓発活動では、既存の行為類型についての知識の提供だけでなく、「他者への配慮」という基本原則を根付かせていくことが重要になります。

第２章
パワハラの法律問題と対策

1 労働施策総合推進法（パワハラ防止法）

どんな法律なのか

労働者が抱える大きな問題のひとつに、職場で受ける嫌がらせやいじめなどに関する相談が挙げられます。厚生労働省の調査によると、平成29年度に都道府県の労働局に寄せられた相談のうち、職場における嫌がらせやいじめに関する相談が7万件を超え、全相談事項の中でトップを占めています。そのため職場におけるパワハラやセクハラなどの嫌がらせのない社会を実現することが重要であるという問題意識から、ハラスメント対策の強化に関する法制化が行われました。

具体的には、セクハラやパワハラなどの防止を強化して、就業環境を整備するために、令和元年6月に「女性の職業生活における活躍の推進に関する法律（女性活躍推進法）等の一部を改正する法律」が公布されました。それによって、**労働施策総合推進法**が改正され、ハラスメント対策が国の施策として位置づけられるとともに、事業主に対してパワハラ防止対策が義務づけられることになりました。労働施策総合推進法は、パワハラ防止に関する規定を含むため、一般に**パワハラ防止法**と呼ばれています。

改正労働施策総合推進法について、ハラスメント対策が国の施策として明記された部分については、公布日（令和元年6月5日）に施行されています。その他の改正事項に関しては、原則として令和2年6月1日から施行されています。ただし、事業主が負う義務に関して、中小事業主については、令和4年3月31日まで、施行が猶予されています。

どんなことを規定しているのか

労働施策総合推進法では、ハラスメント対策に関する国の責務と事

● パワハラ防止法とは

「女性の職業生活における活躍の推進に関する法律（女性活躍推進法）等の一部を改正する法律」

（令和元年6月5日公布）

労働施策総合推進法などの改正　パワハラ・セクハラなどのハラスメント対策強化に関する法改正

- **ハラスメント対策を国の施策と明記**
  ⇒ 公布日（令和元年6月5日）に施行
- **事業主がパワハラ防止対策義務を負う**
  ⇒（原則）令和2年6月1日から施行

※中小事業主については令和4年3月31日まで施行が猶予される

業主の責務が中心的に規定されています。ハラスメント被害に遭う労働者の保護が目的であることはもちろんですが、改正労働施策総合推進法は、ハラスメント対策について労働者に対しても一定の責務を負わせている点に注意が必要です。まず、パワハラ対策における国の責務として、以下の措置を義務づけています。

・国の責務

職場におけるパワハラ行為を防ぐためには、パワハラ問題を事業主や国民一般の関心事にする必要があります。そこで、必要な広報活動や啓発活動などを行うことが、国の責務として位置づけられています。この責務を果たすため、厚生労働省では、12月を「職場のハラスメント撲滅月間」として定め、パワハラをはじめ、セクハラやマタハラなどのあらゆるハラスメントを防止するための積極的な情報発信を行っていくことが期待されています。

・事業主の責務

パワハラ行為にあたる言動などについて、雇用する労働者の関心や理解を深めるために、研修の実施などの必要な配慮を行うことが義務づけられています。実際に、社内でパワハラ問題が生じた際に、事業主として適切に対応することは当然の責務だといえます。それに加えて、労働施策総合推進法が事業主の責務を規定したことにより、パワハラ問題が発生した場合に、事業主が研修などの適切な措置を講じていなかったときは、事業主はパワハラ防止に関する必要な義務を怠っていたと評価され、場合によっては国による行政指導の対象となる可能性があります。

また、事業主自身も、労働者に対してパワハラ行為を行ってはいけません。そこで、改正労働施策総合推進法では、事業主がパワハラ行為に対して関心や理解を深め、労働者に対する言動に必要な注意を払うよう努めることを要求しています。

・労働者の責務

改正労働施策総合推進法は、パワハラ行為に対する関心や理解を深めるとともに、労働者も、他の労働者に対する言動に必要な注意を払い、事業主がとるパワハラ防止に関する措置に対して協力するよう努めることを求めています。

パワハラ問題において、労働者は被害者として、国や事業主のみが当事者として考えられがちです。しかし、改正労働施策総合推進法は、労働者に対する責務を規定することで、労働者に対しても、パワハラ問題に対する当事者意識を持たせ、直接的にパワハラ問題の当事者ではない労働者に対して、日常的にパワハラ問題が生じないような職場環境を作り上げるよう努力を求めているといえます。

パワハラの定義について

改正労働施策総合推進法は、従来不明確であったパワハラ行為について、「職場において行われる優越的な関係を背景とした言動であって、業務上必要かつ相当な範囲を超えたものによりその雇用する労働者の就業環境が害される行為」と定義しています。

● パワハラ指針におけるパワハラ行為の６類型に関する具体例 …

① 身体的な攻撃	【該当例】	殴打、足蹴り、物を投げつける
	【非該当例】	誤ってぶつかる
② 精神的な攻撃	【該当例】	人格を否定する言動、長時間の叱責、威圧的な叱責など
	【非該当例】	遅刻などを繰り返す者に対する一定程度の強い注意など
③ 人間関係からの切り離し	【該当例】	意に沿わない者を仕事から外す、別室に隔離する、集団で無視をする
	【非該当例】	新規採用者に対する別室での研修の実施など
④ 過大な要求	【該当例】	業務とは無関係の雑用処理の強制など
	【非該当例】	繁忙期に通常より多くの業務処理を任せることなど
⑤ 過小な要求	【該当例】	気に入らない者に仕事を与えないことなど
	【非該当例】	能力に応じた一定程度の業務の軽減など
⑥ 個の侵害	【該当例】	労働者の社内・社外での継続的な監視、写真撮影など
	【非該当例】	労働者への配慮を目的とする家族の状況などに関するヒアリングなど

パワハラの定義の詳細については、厚生労働省の「事業主が職場における優越的な関係を背景とした言動に起因する問題に関して雇用管理上講ずべき措置等についての指針」（パワハラ指針）に規定があります。

・職場での優位性

職場での優位性とは、部下にとっての上司のように、職場において優位となる地位をいいます。一方の労働者が他方に対して優位になる関係にあることが、パワハラ行為を認定する前提条件となります。パワハラ行為は、職務上の地位あるいは能力などの点で優位に立つ者が、その優位性を行使（力を行使）する行為であることから、「優越的な関係を背景とした言動」であることが要件となります。

・業務の適正な範囲を超えること

業務の適正な範囲を超えるかどうかは、ある行為がパワハラ行為にあたるか否かを判断する基準として用いられます。たとえば上司が部下を指導・教育することは、業務の適正な遂行のために必要な行為だといえます。ただし、叱咤激励の程度が度を越えている場合には、パワハラ行為に該当するおそれがあり、どの程度の指導・教育が認められるのかを慎重に判断する必要があります。

なお、パワハラ防止法やパワハラ指針では、原則として、職場における言動を対象としています。ただし、社外で行われる言動、あるいは就業時間外に行われる言動であっても、会社内部での人間関係に基づいて行われる言動は、すべてパワハラ行為の対象に含まれます。

また、「業務上必要かつ相当な範囲を超えた」言動がパワハラ行為に該当すると規定することで、ミスをした部下を叱る行為など、業務上必要で方法などが適正な範囲を超えていない行為をパワハラ行為から除外することを明確に示しています。

・就業環境が害されること

パワハラ行為によって「就業環境が害されること」とは、行為を受けた者が、身体的・精神的損害を受けることで、労働者の就業環境が不快なものとなったため、能力の発揮に重大な悪影響が生じるなど、就業する上で看過できない程度の支障が生じることを意味します。

具体的にはパワハラ指針が規定する

改正労働施策総合推進法におけるパワハラ行為の定義を具体化するために、**パワハラ指針**が定められています。パワハラ指針では、以下のようにパワハラ行為を６類型に分類して、類型ごとに、パワハラ行為に該当する行為と非該当の行為の具体例を掲載しています。

①　身体的な攻撃

身体的な攻撃とは、暴行や傷害を加えることです。たとえば、上司が部下にビンタする行為などが挙げられます。

②　精神的な攻撃

精神的な攻撃とは、脅迫・名誉毀損・侮辱などに該当するような暴言を浴びせることです。上司が部下に対して、人格を否定するような発言をすることなどが挙げられます。

③　人間関係からの引き離し

人間関係からの切り離しとは、隔離や仲間外しのことです。たとえば、上司の意に沿わない部下を必要性がないにもかかわらず隔離して、研修を受けさせる行為などが挙げられます。

④　過大な要求

過大な要求とは、業務上明らかに不要なことや不可能な事項を強制することです。たとえば、勤務に直接関係のない内容の業務を肉体的苦痛を伴う過酷な環境で行わせることなどが挙げられます。

⑤　過小な要求

過小な要求とは、合理的な理由もなく、労働者の能力に比べて程度の低い仕事をさせたり、仕事を与えないことです。部下を退職に追い込むため単純作業を大量に要求する行為などが挙げられます。

⑥　個の侵害

個の侵害とは、労働者のプライバシーを侵害する行為などです。たとえば、思想や信条を理由に特定の労働者を監視することなどが挙げられます。

また、パワハラ指針は、雇用管理の上で事業主に求められる措置の具体的な内容を示しています。たとえば事業主はパワハラ行為に対する周知・啓発に関する義務を負いますが、その具体的方法として、ホームページへの掲載や社内報の配布などの方法が示されています。

2 身体的な攻撃

身体的な攻撃とは

身体的な攻撃とは、暴行や傷害を指します。具体的には、相手を蹴る、たたくなどの行為が該当します。たとえば、上司に対して書類を提出した部下が、書類の出来が悪いことを理由に、灰皿などで殴られて負傷したとします。この場合には、上司は職務上の地位を利用して、部下に対して身体的な攻撃を行っていますので、パワーハラスメントを行っていると評価することができます。

暴行・傷害という定義からも明らかように、身体的な攻撃の多くのケースは、暴行罪や傷害罪などの刑法犯に該当する許されない行為です。また、身体的な攻撃により、被害者に外傷やメンタルヘルス不全などの損害が生じた場合には、身体的な攻撃を行った者は、民事上の損害賠償責任を負います。

法律上の責任以外にも、職務規定に違反する場合には、身体的な攻撃を行った者は、懲戒処分などの対象になります。また、被害者に対して、会社は、労働者が就業する際に心身の安全配慮義務を負っています。そのため、労働者が他の労働者に身体的な攻撃を加え、心身にダメージを与えた場合には、会社が安全配慮義務を怠ったとして損害賠償責任を負う場合もあります。

どんな行為が該当するのか

ある行為がパワハラ行為に該当するか否かを判断する基準として、「目的を達成するための手段」として適切であったか否かという基準があります。つまり、職務を遂行する上で、その行為が必要であり、その行為の手段が適正であると評価される場合には、パワハラ行為に

● 身体的な攻撃に対する責任

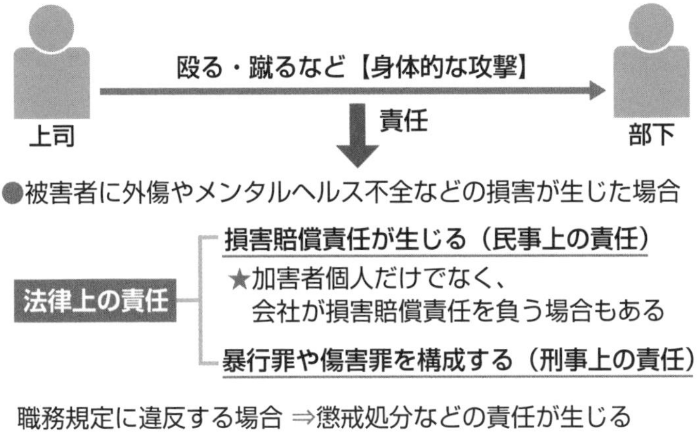

はあたりません。しかし、身体的な攻撃に関しては、暴行罪や傷害罪などの刑事罰に直接結びつくような行為であることから、「目的を達成するための手段」として適正であると判断されるケースは皆無といえます。

具体的に、どのような行為が身体的な攻撃に該当するのか、裁判例で争われたケースを挙げながら見ていきましょう。

裁判例で身体的な攻撃がパワハラ行為に該当すると認められたケースとして、大腿部を蹴る行為によって、全治 12 日間の大腿部挫傷を負わせたケース、顔面 3 回の殴打と腹部 10 回の蹴りによって、左眼眼球打撲・瞼の皮下出血を伴う傷害を負わせたケース、椅子を足蹴にした上で胸元をつかみ前後に揺らす行為により、膝関節内血種や頸部挫傷を負わせたケースなどが挙げられます。

裁判例の中には、1 つの事例で、たばこの火を鼻の近くに置き、顔面が傾いたことにより全治 1 か月以上のやけどを負わせる、竹棒で 20 回以上の殴打を加える、串やスプーンなどで手の甲を刺したり殴打するなどして出血・骨折させるなど、繰り返し多様な身体の攻撃を加えた悪質なケースも存在します。

3 精神的な攻撃

精神的な攻撃とは

精神的な攻撃とは、相手に対して人格を否定する言動を行うことです。

パワハラ指針では、脅迫・名誉毀損・侮辱・ひどい暴言を精神的な攻撃として位置づけています。その上で、①人格を否定するような言動として性的指向・性自認に関する侮辱的な言動、②業務遂行に関する長時間にわたる厳しい叱責、③他の労働者の面前で威圧的な叱責を繰り返すこと、④個人の能力を否定し、罵倒する内容の電子メールなどを直接の相手方を含む複数の労働者に送信することが、精神的な攻撃に該当する具体例として挙げられています。

その一方でパワハラ指針は、遅刻などの社会的なルールを欠く行動を繰り返す労働者や、企業の業務の内容や性質に照らして重大な問題行動を行った労働者に対して一定程度強く叱責する行為は、精神的な攻撃にはあたらないと明記しています。

精神的な攻撃についても、パワハラ指針において、脅迫・名誉毀損・侮辱などと定義づけられているように、脅迫罪・名誉毀損罪・侮辱罪などの刑法犯に該当する可能性のある行為です。したがって、パワハラ行為に該当するとともに、身体的な攻撃と同様に、とくに悪質性が高い行為だといえます。

どんな行為が該当するのか

まず、「バカか」「殺すぞ」「死ね」というような言動については、そのような表現が用いられたことが事実である以上、原則としてパワハラ行為に該当するといえます。裁判例においても、「新入社員以下だ。お前はバカだ」と言って侮辱したケースや、「お前は覚えが悪い」

● 精神的な攻撃

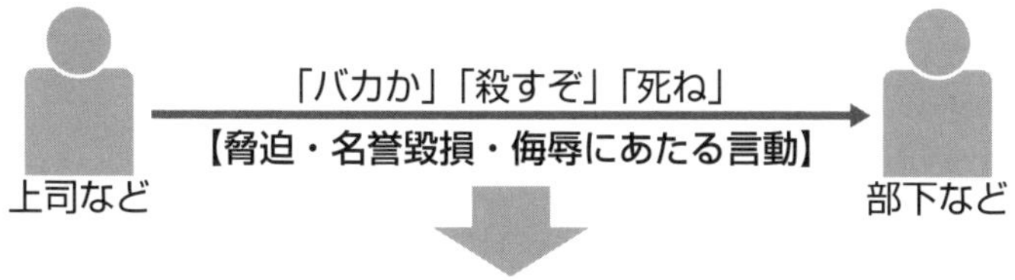

〈原 則〉パワハラ行為に該当する　∵人格を否定する言動
⇒精神的な攻撃
⇒脅迫罪・名誉毀損罪・侮辱罪などの刑法犯に該当する場合もある

〈例 外〉「重要性や緊急性」、労働者側に重大な落ち度が認められる場合には不適切な言動ではあるがパワハラ行為には該当しないと判断される可能性がある

「会社を辞めたほうが皆のためになる」「給料泥棒だ」などといった言動に対して、パワハラ行為にあたると判断されています。また、大学の学長が教職員に宛てた所見に、「大学に籍を置く者として、恥ずべき行為と言わざるを得ない」と記載したケースでは、名誉毀損にあたると判断されています。

ただし裁判例は、「バカか」などの侮辱的な言動であっても、事態の「重要性や緊急性」が認められる場合や、労働者側に重大な落ち度が認められる場合には、例外的にパワハラ行為に該当しないケースがあることを認める立場をとっているものがある点には注意が必要です。

実際に、業務上で重大なミスを犯した労働者に対して、「バカ」などの侮辱的発言を行ったケースで、同様のミスを犯した他の労働者にも同じような叱責を行っており、その他の場合には、激しく叱責するなどの言動をとっていなかった者の言動について、不適切な言動であることは認めながらも、違法な行為とはいえず、パワハラ行為に該当しないと判断した裁判例も存在します。

4 人間関係からの切り離し

人間関係からの切り離しとは

人間関係からの切り離しとは、必要もないのに特定の労働者に対して、隔離や仲間外し、あるいは無視をすることです。パワハラ指針では、人間関係からの切り離しの例として、意に沿わない労働者に対して、仕事から外れるよう言い渡したり、長期間にわたって別室での職務を命じるなどの隔離を行うことが挙げられています。また、とくに必要もないのに会社に出勤させず、自宅での研修を長期間にわたって命じる行為も、人間関係からの切り離しに該当します。

さらに、上司などの個人による特定の労働者に対する行為の他に、その職場にいる全体が集団で特定の労働者を無視して職場の中で孤立させる場合も、人間関係からの切り離しとしてパワハラ行為に該当します。

その一方で、パワハラ指針では、人間関係からの切り離しに該当する行為であっても、パワハラ行為に該当しない場合についても明記しています。たとえば、新規に採用した労働者を育成する目的で、別室で研修などを行う場合には、人間関係からの切り離しには該当しません。これは、新入社員が業務を円滑に遂行していくための必要な教育であるという正当な目的を持つ行為であることから、パワハラ行為の対象から除かれています。そのため、新入社員の研修であっても、不必要に長期間にわたって、別室で研修などを継続した場合には、目的を達成する手段としての適切さを欠く行為として、パワハラ行為にあたる可能性があります。

また、職務規程に違反した者に対して、教育目的で行われる別室での研修などについても、通常の業務に復帰させるという正当な目的に

● 人間関係からの切り離し

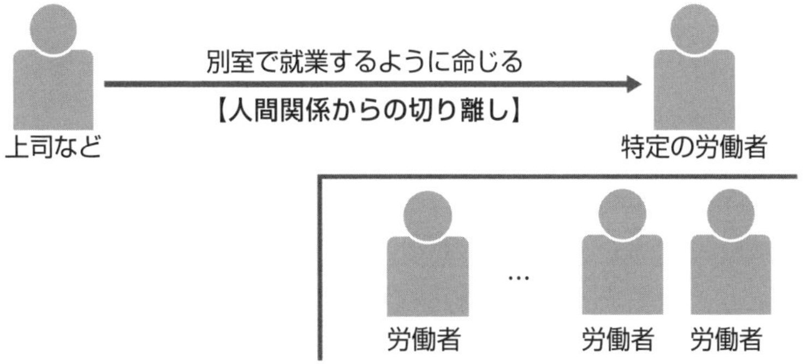

基づき、期間も一時的である場合はパワハラ行為に該当しません。

どんな行為が該当するのか

どのような行為が人間関係からの切り離しにあたるのか、裁判例を通して見ていきましょう。

裁判例で人間関係からの切り離しにあたる行為がパワハラにあたると判断されたケースとしては、研修期間が終了した社員について、翌日から他の社員とは異なり、１人だけ別室への移動を命じられた行為が挙げられます。

その他にも、社長が特定の労働者について、１人きりで待合室での就業を命じて食堂での食事を禁止したというケースについても、パワハラ行為が認定されています。本ケースでは、その労働者が労働組合と連絡を取ることができないように、社長が総務部に対して、待合室に携帯電話の電波妨害装置を設置するよう命じていました。また、社長は、他の労働者に対して、その労働者から話しかけられても無視するとともに、その労働者の言動の一切の監視・報告を命じており、嫌がらせの程度が高く、パワハラ行為としての認定が容易であったケースということができます。

5 過大な要求

過大な要求とは

過大な要求とは、労働者に対して、業務上明らかに不要な事項、遂行することができない事項を強制することや、仕事の妨害を行うことです。パワハラ指針では、過大な要求に該当する行為として、過酷な環境下での長期間にわたる肉体的苦痛を伴う、業務とは無関係の作業を命じる行為が挙げられています。また、新入社員に対して、必要な教育を行うことなく、およそ達成することが不可能であることが明らかな業績目標を設定したり、あるいは、その業績目標を達成することができなかった場合に、厳しく叱責する行為も過大な要求にあたります。その他にも、上司が部下に対して業務とは無関係である私的な雑用の処理を強制する行為も過大な要求に該当します。

もっとも、能力以上の業務を任せる行為がすべて、過大な要求に該当するわけではなく、労働者を育成する目的で、少々レベルが高い業務を任せる行為は、過大な要求としてのパワハラ行為にはあたりません。また、会社が繁忙期にあり、特定の労働者に対して、通常時よりも一定程度多量の業務を任せる行為も、業務上の必要性が認められることから、過大な要求にはあたりません。

どんな行為が該当するのか

具体的に、過大な要求にあたるか否かが問題になった裁判例は豊富にあります。まず、典型的な過大な要求の例といえる長時間労働などの強制に関する事例が挙げられます。たとえば、長時間労働への就業を強制され、その業務内容に就業経験がない業務が含まれるなど、労働者の能力を超える内容が多く含まれていたために、労働者が抑うつ

● 過大な要求

- 過酷な環境下での長期間にわたる肉体的苦痛を伴う業務とは無関係の作業を命じる行為
- 新入社員に対して、必要な教育を行わずに達成することが不可能な業績目標を設定する行為
- 新入社員に業績目標を達成することができなかった場合に厳しく叱責する行為
- 上司が部下に対して、業務とは無関係である私的な雑用の処理を強制する行為

状態の診断を受けて退職に至ったケースについて、パワハラ行為にあたると認定されています。この裁判例では、経験の少ない大量の業務を任せることに加えて、労働者に対して適切な指導やサポートを行わなかったことが、労働者の肉体的・精神的なストレスを蓄積させ、労働者を就業困難な状態に追い込んだと判断しています。

また、別の裁判例では、違法な業務命令に基づき、労働者に対して一定の資格がなければできない業務を強制し、その業務への就業を拒否した労働者を解雇したケースで、パワハラ行為にあたると認められています。具体的には、看護師に対して、医師でなければ行うことができない診療録の発行や処方箋の発行を強制した病院側（医療法人）の行為は、違法な業務に関与する職場環境に身を置くことを強制するパワハラ行為に該当すると判断されました。さらに、労働者を退職に追い込む目的で、業務上不要なことや遂行不可能なことを会社が強制する行為も、過大な要求としてパワハラ行為に該当する可能性があります。

他にも、長時間労働を強いられた労働者の人員補充の要請を無視するなどの行為が、退職に追い込むための嫌がらせであったとして不法行為責任を認めた裁判例があります。

6 過小な要求

過小な要求とは

過小な要求とは、労働者に対して業務上の合理性がないにもかかわらず、能力や経験とかけ離れた程度の低い業務を命じることです。特別な理由もなく、労働者に対して仕事を与えない行為も過小な要求に該当します。

パワハラ指針では、管理職に就いている労働者を退職させる目的で、役職に就いていない者でも処理可能な業務内容のみを行わせる行為が、過小な要求にあたる行為として挙げられています。また、気に入らない労働者に対して、嫌がらせ目的で、仕事を与えないことも過小な要求にあたります。厚生労働省のハラスメント対策の総合サイト（「あかるい職場応援団」）においては、より具体的な事例が掲載されており、営業職で採用された労働者に対して、営業職とは無関係の草むしりのみを行わせる行為が、過小な要求にあたると記載されています。その他にも、バスの運転手が接触事故を起こしたために、上司から草むしりだけを行うように命じられる行為が、パワハラ行為にあたる過小な要求の例として挙げられています。

なお、会社側は労働者の能力を考慮して、適切に業務の配分を行う必要があります。そのため、すべての労働者に一律に業務を配分するのではなく、特定の労働者に対して、一定程度業務内容や量を軽減することは許されます。

どんな行為が該当するのか

具体的に、過小な要求が問題になったケースについて、裁判例を通して見ていきましょう。裁判例において過小な要求が問題になった

過小な要求

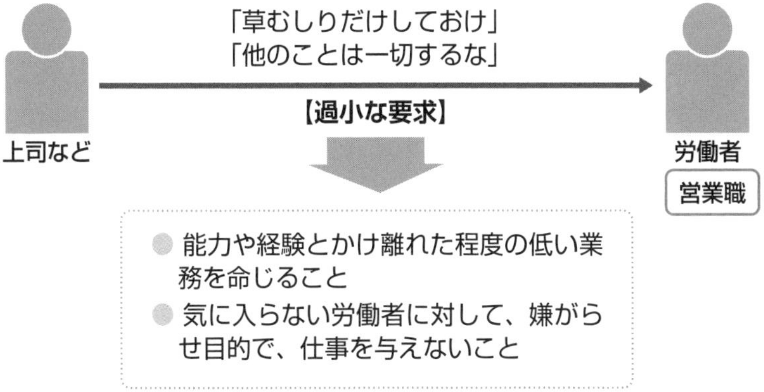

ケースとしては、学校や病院における事例が多いといえます。たとえば大学において、特定の准教授が、前年度に42時間の授業時間数の授業科目を担当していたにもかかわらず、翌年度には3時間に減らされ、さらに別の年度には担当授業の割当てがなくなったというケースにおいて、パワハラ行為が認められています。また、視覚障害を持つ高校教諭に対して、授業の担当から外して図書室での教材研究を命じたり、理由もなく自宅待機を命じるなどして、具体的な業務を長期間にわたって与えなかったケースにおいても、パワハラ行為にあたると判断されています。

ガンセンターのケースでも、特定の麻酔科医に対して、あらゆる手術の担当から外すとともに、最終的には、術前診療の担当からも外したというケースにおいて、パワハラ行為に該当すると判断されています。

これらの裁判例では、特定の労働者（准教授、高校教諭、麻酔科医）に対して、嫌がらせ目的や、自主退職に追い込む意図、あるいは、報復目的で業務担当から外したり仕事を与えなかった行為が、パワハラ行為に認定されています。なお、まったく仕事を与えないなどの極端な手段がとられている場合には、違法な目的の存在を認定しやすくなると考えられます。

7 個の侵害

個の侵害とは

個の侵害とは、労働者の私的な事項に干渉する行為です。個の侵害に該当する行為の特色は、労働者のプライバシーを侵害する程度がとくに強い行為類型であることです。

パワハラ指針では、個の侵害に該当する行為として、労働者を職場の外で継続的に監視したり、写真撮影を行う行為が挙げられています。また、労働者の性的指向や性自認、病歴や不妊治療などに関わる事項について、その労働者の了解を得ることなく他の労働者に暴露する行為も、個の侵害に該当します。厚生労働省のハラスメント対策の総合サイト（「あかるい職場応援団」）では、旅行のために、年次有給休暇の取得を申請した労働者に対して、行先や宿泊先を執拗に尋ねる行為が個の侵害に該当する行為として掲載されています。その他にも、管理職にある者がその地位を利用して、とくに必要もないにもかかわらず、労働者の私生活の予定を聞き出したり、ロッカーの中の私物を覗き見する行為も、個の侵害にあたる行為として挙げられています。

もっとも、個の侵害に該当する行為であっても、労働者の同意を得ている場合には、パワハラ行為にあたらない場合があります。

たとえば、介護など、労働者の私的な事情に応じて業務量を調節する目的で、労働者から家族の状況などに関してヒアリングする行為は、個の侵害にあたりません。また、労働者の身体的な状態に合わせて、就業させる業務の内容について配慮が必要な場合において、労働者の同意を得た上で、病歴などについて会社の人事部門の担当者などに対して伝えて適切な配慮を促す行為も、個の侵害に該当しません。

● 個の侵害

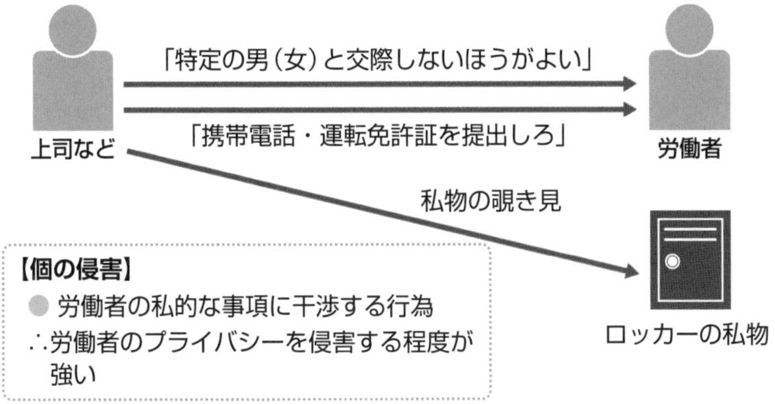

どんな行為が該当するのか

どのような行為が個の侵害にあたるのか、裁判例を通して見ていきましょう。裁判例では、労働者の交際関係に関して干渉するケースが多く見られます。たとえば、労働者に対して、特定の男女と交際しないほうがよいと説得するなどの行為について、パワハラ行為に該当すると判断した事例が挙げられます。

また、総務部長が、特定の市職員が職場以外の場所で交際相手と抱き合っているなどの市民からの通報を受けたとして、呼び出して注意した事例において、私生活に対する不当な介入であると認定した裁判例があります。本ケースでは、総務部長は「若い子をだました」などと侮辱したり、交際相手についても「美人でもなくスタイルもよくない」などと誹謗・中傷しており、個の侵害にあたるケースは、精神的な攻撃（⇨ P.46）としてもパワハラ行為に該当する可能性があるという点に注意が必要です。

さらに、必要性がないにもかかわらず、半年間あまりにわたって、定期的に財布や通帳の中身を点検したり、携帯電話や運転免許証の提出を求める行為が、パワハラ行為に該当すると判断された事例があります。

8 パワハラの法的責任と損害賠償

行為者の責任

パワハラが認められた場合、行為者は損害賠償責任を負う可能性があります。損害賠償責任は、行為者の行為が不法行為と認められた場合に負うことになります。

賠償すべき損害もさまざまです。暴行などにより、傷害を負った場合やメンタルヘルス不全になり通院が必要になった場合の治療費は、損害賠償として行為者に請求することになります。

行為者の損害賠償責任は、民法の不法行為の規定に基づく民事責任です。行為者は、民事責任だけでなく、刑事責任を負うこともあります。たとえば、暴行を受けた場合、暴行罪や傷害罪が成立します。また、被害者の社会的な評価を傷つける発言をした場合、名誉毀損罪や侮辱罪が成立します。

以上の責任は、民法や刑法など、法律に基づく責任であるため、法的責任といいます。行為者は、法的責任以外にも責任を負うことがあります。

会社の就業規則には懲戒処分について定められていることが一般的です。就業規則に定める懲戒事由にあたる場合、懲戒処分を受けることがあります。パワハラは就業規則に定める懲戒事由に当てはまることがあるため、パワハラにより懲戒処分を受ける可能性があります。

使用者の責任

使用者とは、事業のために他人を使用する者のことですが、使用者も、民事責任として、損害賠償責任を負うことがあります。会社の損害賠償責任については、複数の法的根拠が考えられます。

● 行為者の責任

責任の種類		責任の内容
民事責任	不法行為に基づく損害賠償責任	治療費など、被害者が受けた損害について賠償する責任を負う
刑事責任	暴行を行った場合　など	暴行罪や傷害罪が成立する
	被害者の社会的な評価を傷つける発言をした場合　など	名誉毀損罪や侮辱罪が成立する
就業規則に基づく責任	パワハラが就業規則において懲戒事由として定められている	懲戒処分が下される

使用者が損害賠償責任を負う１つ目の法律構成として、使用者責任があります。使用者責任は、会社の業務を行う労働者が不法行為をした場合に、会社が代わりに損害賠償責任を負う制度です。

使用者責任が創設された理由は、利益を得ている者が利益を得る過程で生じた他人の損失を補償すべきと考えられているからです。つまり、会社は人を雇用し、その雇われた人が働くことで利益を得ます。この労働の過程で生じた損害については、利益を得ている会社が補償すべきということです。

使用者責任は、労働者が業務を執行する際に他人に損害を加えた場合に発生します。たとえば、上司Ａが部下Ｂにパワハラ行為をして、部下が精神的損害を負ったときは、多くの場合、会社がＢに慰謝料の支払いをしなければなりません。

使用者責任は、使用者が相当の注意をして業務の管理をしていた場合や、相当の注意をしても損害が生じる場合は、例外的に発生しません。しかし、裁判において、この例外が認められる場合はほとんどありません。

使用者が損害賠償責任を負う２つ目の場合は、安全配慮義務違反（債務不履行）に基づく損害賠償責任です。

使用者は、労働契約に基づいて報酬を支払う義務を負いますが、使用者が労働契約に基づいて負う義務は、これだけではありません。使用者は、労働者が働きやすい環境を作る義務（配慮義務）や、労働者の心身の安全に配慮する義務（安全配慮義務）を負っています。これらの義務は、労働契約に基づいて使用者が労働者に対して負う債務であるため、これらの義務を履行しなければ、債務不履行となります。たとえば、会社は、パワハラなどがなされないように、予防措置などを講じなければなりません。予防措置を講じずにパワハラによるメンタルヘルス不全などの損害が生じた場合、会社は、安全配慮義務違反による損害賠償責任を負う可能性があります。

損害賠償の内容

被害者が行為者に損害賠償請求をするためには、まず、被害者に損害が発生していなければなりません。行為がパワハラと認められても、損害が発生していなければ、損害賠償請求はできません。

損害とは、不法行為があった場合となかった場合の利益状態を金銭で表示した場合の差額のことです。つまり、パワハラを受けたことで、メンタルヘルス不全になり、通院が必要となった場合、通院費という出費は、パワハラという不法行為がなされたために、生じた出費です。そのため、通院費は、損害にあたります。

このように、損害賠償責任の追及には、損害を確定し、その損害を財産的に評価する必要があります。そこで、裁判実務においては、損害を細かく分類し、損害の特徴に応じた財産的評価を行っています。

損害は、財産的損害と非財産的損害に分けられます。

財産的損害は、被害者が財産について被った損害のことです。財産的損害は、さらに、積極的損害と消極的損害に分けられます。

積極的損害は、被害者の財産が失われる損害のことです。たとえば、パワハラを受け、メンタルヘルス不全になったために、病院で治療が必要になった場合の治療費は、積極的損害にあたります。

消極的損害は、本来得られるはずの利益が不法行為により得られなくなった場合の、得られるはずの利益のことです。消極的損害は、逸失利益ともいわれます。たとえば、パワハラによって、メンタルヘルス不全になり、そのため、業務が行えなくなり、給料が得られなくなった場合、得られるはずであった給料が消極的損害にあたります。

非財産的損害は、財産的損害以外の損害のことです。たとえば、パワハラ行為によって受けた精神的苦痛などの精神的損害は、非財産的損害です。非財産的損害についての賠償を慰謝料といいます。

逸失利益

逸失利益の典型例は、給料などです。たとえば、被害者が、パワハラによるストレスから自殺した場合、生きていたならば、稼ぐことができた金額を一定の計算方法により算定します。

たとえば、被害者が死亡した場合は、基礎収入額（死亡前に得ていた収入）や、就労可能年数などが逸失利益の計算の根拠になります。

慰謝料

慰謝料は、非財産的損害に対する賠償のことです。慰謝料は被害者の精神的損害に対して支払われるものなので、その算定については財産的損害のような明確な基準がありません。そのため慰謝料の具体的な金額は、当事者の社会的地位や財産状態、パワハラの動機や過失の大小などさまざまな事情を考慮して計算します。

9 パワハラによって侵害される被害者の権利

パワハラは被害者のどんな権利を侵害しているのか

不法行為が成立するためには、権利または法律上保護された利益を侵害されることが必要です。パワハラは、被害者の心身を傷つけ、被害者にさまざまな損害を生じさせます。パワハラによる侵害を権利ごとに分類すると、パワハラによって侵害される被害者の権利は、大きく２つに分けられます。人格権と職場環境の２つです。

人格権とは、生命・身体・自由・名誉・氏名・貞操・信用などの人格的な利益の総称です。人格権は、他人の侵害から保護されなければならない権利です。そのため、人格権を侵害する行為は不法行為になります。

上司が指導・教育にあたり、平手で顔面を殴打するなどのパワハラにあたる行為は、身体に対する侵害になります。また、他の社員の前で「お前はバカか」と罵倒するような行為は、名誉を侵害する行為といえます。このように、パワハラは、人格的な利益を侵害します。

人格権には、上記の利益以外にもさまざまな利益が含まれます。たとえば、会社において、誰と仲良くし、どの程度の人間関係を形成するかは、本人の自由にゆだねられることです。ある特定の者のみを隔離するような行為は、自由に職場において人間関係を形成する権利を侵害しているといえ、人格権を侵害しているといえます。

他にも、人格権には、公正な処遇を享受する権利も含まれます。使用者は、ある程度自由に労働者の業務の内容などを決定することができますが、この決定は合理的でなければなりません。不合理な評価に基づく処遇はパワハラとなり、人格権の侵害になります。

● パワハラによって侵害される権利

侵害する権利	内容など
人格権に対する侵害	生命・身体・自由・名誉・氏名・貞操・信用などの人格的な利益の侵害
	自由に職場において人間関係を形成する権利の侵害
	公正な処遇を享受する権利の侵害
職場環境に対する侵害	良好な環境で仕事を行う権利の侵害 ・仕事に対する士気の低下 ・被害者以外の者にとっても職場環境を害することとなる場合がある

職場環境の侵害にもつながる

パワハラは、個人の人格権を侵害する行為です。そのため、不法行為となり、行為者は損害賠償責任を負うことになります。

パワハラは、個人の人格権だけでなく、被害者の周りの者にも悪影響を与えます。たとえば、職場で上司が特定の部下１人にパワハラを行った場合、他の者は直接パワハラを受けていません。しかし、パワハラを見ることは気分がよいことではなく、仕事に対する士気も低下します。また、次は自分の番ではないかと考えると、その上司にパワハラを受けないことに気を取られ、業務に集中することができなくなります。このように、パワハラは、職場の環境を侵害することにもなります。

職場環境は重要であり、労働者には良好な環境で仕事を行う権利があります。この権利を保障するために、使用者は、職場環境を保持する義務があります。パワハラにより職場環境を侵害することは、職場環境保持義務に違反し、パワハラを受けた者以外の者の権利を侵害することにもなりかねません。

10 当事者の言い分が異なる場合の対応

どちらの主張の信用性が高いかを判断する

パワハラを認定するためには、当事者から事情聴取する必要があります。一般にハラスメントが発覚することは、被害者による相談が多いことから、まず、被害者に事情聴取を行い、次に行為者に事情聴取することが多いでしょう。

当事者に事情を聴いたところ、被害者はハラスメントをされたと主張し、行為者はそれを否定し、主張は食い違うことが多いでしょう。ハラスメントにおいて当事者に事情聴取すると、さまざまな点で主張が異なることがあります。とくに、事実についての評価や、その行為をした動機・意図について意見が異なることがあります。たとえば、「お前はバカか」と上司が部下に言ったことについて、部下は侮辱されたと評価し、上司は冗談のつもりだったと評価することなどがあります。

また、事実そのものについて争いになることもあります。たとえば、暴言などがあったか否かについて、相談者と行為者の間で主張が食い違う場合などです。とくに、他の社員がいないところでのパワハラ行為は、事実そのものが争いになることがあります。

当事者の主張が異なると、どちらの主張の信用性が高いかを判断しなければなりません。しかし、主張の信用性の判断は難しいので、当事者の主張が食い違う点については、客観的な証拠でもない限り、安易に断定的な判断をすることは禁物です。

どちらの主張の信用性が高いかを判断するために、第三者の意見を聴くことも重要です。当事者の周りにいるからこそ、客観的に当事者の関係を見ることができる可能性があるからです。

● 当事者の言い分が異なる場合

当事者の事情聴取で主張が異なる場合

- **事実についての評価や、その行為をした動機・意図についての食い違い**

  (例)「お前はバカか」と上司が部下に言った
  ⇒〈部下〉侮辱されたと評価
  〈上司〉冗談のつもりだったと評価

- **事実そのものについての食い違い**

  (例) 暴言があったか否かについて、
  相談者と行為者の間で主張が食い違う

信用性の判断は、慎重になされなければなりません。ハラスメントがあったか否かの判断は、当事者にとって重大な判断となるからです。しかし、ハラスメント自体は、他の社員がいないところで行われるなど、直接的な証拠がない場合が少なくありません。そこで、信用性の判断は、さまざまな事情を考慮し、合理的な判断がなされるように慎重にすべきです。

信用性の判断基準として、**当事者の日頃の言動や人間関係などから推測する方法**があります。たとえば、AがBに暴言を吐いたという事実について、争いがあった場合、Aが日頃から不穏当な発言をしている場合や、普段からBに厳しい態度で臨んでいる場合、Aが暴言を吐いたと推測することができます。その一方、Bが普段から、Aのことを逆恨みしており、「いつか復讐する」と発言していた場合、Bの主張は、Aを陥れるためになされた可能性が考えられます。このように、当事者の日頃の言動や人間関係から、争いとなった事実や評価の信用性を推測することができます。

この推測は、日頃の言動や人間関係から、当事者の性格や考え方などを推測し、その性格などから合理的に説明できる行動を認定するという方法です。

２つ目の判断基準として、**当事者の供述態度**があります。供述態度は、ハラスメントについての事情を調査するときなど、主張に一貫性があるか、具体性があるかなどにより、主張の信用性を判断する基準です。

たとえば、パワハラの動機について、当初は、少し厳しく指導したと主張していたのが、冗談のつもりだったとの主張に変わり、そして、記憶にないとの主張に変わった場合、主張に一貫性がありません。主張が何度も変わったことに十分な理由がある場合でなければ、主張に一貫性がないことは、信用性が低いと判断することができます。

他にも、パワハラを受けたとの主張について、日時や場所についての説明がなく、パワハラ発言についても、行為者の普段の行動や言動、他の者の供述や証拠から、およそ想像できない内容の発言であった場合、主張について具体性がないといえます。具体的な説明ができない場合、主張する事実などが存在しないと推測することができ、信用性が低いと判断することができます。

この判断基準は、虚偽の供述をしていないのであれば、一貫性があり、具体的な供述ができるはずであるという経験則をもとに、供述の信用性を判断するものです。

当事者の行動から供述の信用性を判断する方法もあります。これは、経験則に照らして過去の行動と供述の内容に矛盾があるかどうかという観点から、供述の信用性を判断する方法です。たとえば、パワハラ行為と主張されている言動について、行為者が業務上必要な指導であったと供述している場合に、事情調査の結果、その言動の直後、行為者がその場に居合わせた他の社員に対して口外しないように依頼していたことが判明したとすれば、業務上必要な指導であったと認識していたとする行為者の供述は信用できないと考える根拠になります。

ハラスメントについて、行動から供述の信用性を認定する場合は、慎重にしなければなりません。たとえば、被害者が、上司から暴言を受けていたにもかかわらず、周囲の他の従業員に対して、上司が冗談で言っていることは理解しているし、いつものことだからまったく気にしていない、と発言していたとします。しかし、それは内心の苦痛を隠そうと殊勝に振る舞っていただけという可能性もあります。

供述の信用性は簡単には判断できません。人は往々にして合理的な説明が難しい行動や発言をすることがあるからです。そのため、当事者の供述だけでなく、客観的な証拠の収集が重要です。

作成した記録をしっかり保存する

ハラスメントの調査において、証拠のため文書を作成することがあります。ハラスメントは、裁判などに発展する可能性がある争いであるため、証拠となる文書などは、厳正に作成・保存しなければなりません。

まず、事情聴取にあたり、当事者や第三者の供述を記録します。記録の方法は、相談を受けた者が相談内容を書きとることや、録音・録画などの方法をとることができます。いずれの方法をとるにしても、供述をする者に同意を得る必要があります。

相談を受けた者が供述内容を書き取り、供述書を作成する場合は、供述書の内容が供述内容と相違がないか確認する必要があります。確認方法は、相談者が供述書を読み上げる方法や、供述をした者に読んでもらう方法があります。

ハラスメントが刑事事件になると、供述書は、重要な証拠になる場合があります。そのため、供述書に供述をした者の署名をもらうようにしましょう。署名を拒む場合は、ハラスメントを認定するための資料として採用されない可能性があることなど、署名の必要性をしっかりと説明し、納得を得た上で、署名をもらうのがよいでしょう。

ハラスメントの調査において作成した記録には、個人情報が含まれていることがあります。そのため、個人情報が漏えいしないように、保存する必要があります。

Q **部下の犯した仕事上のミスについて反省文を書いて提出してもらおうと思っています。教育的な指導のつもりですが、これはパワハラ行為にあたるのでしょうか。**

A 部下の教育に必要かつ相当な態様で行われる限り、基本的にパワハラ行為に該当しないものと考えられます。

労働者に対して、自らの誤りを認めさせ反省を促す反省文については、パワハラ行為のうち、精神的な攻撃に該当するか否かが問題になると考えられます。厚生労働省が出しているパワハラ指針では、必要以上に長時間にわたる叱責などについては、パワハラ行為に該当すると記載されています。その一方で、会社の業務内容や性質を考慮して、重大な問題行動を行った労働者に対する注意などは、パワハラ行為にあたらないとして許容されています。

したがって、上司が部下に対して、仕事上のミスについて反省文を書かせる行為は、必要な教育的指導として、基本的にはパワハラ行為には該当しないと考えられます。もっとも、裁判例などにおいては、教育的指導であっても、嫌がらせ目的で行う場合には、パワハラ行為に該当すると認められるケースがあります。とくに教育的な指導目的と嫌がらせ目的が併存するケースなど認定が困難なケースもあります。このような場合には一般的に、指導などに至った経緯や、指導内容、指導の時間帯、指導における表現内容などを考慮して、嫌がらせ目的であるのか否かが判断されています。そのため、会社側としては、指導内容や時間などに配慮して、教育的指導であることを明確にする必要があります。また、通常の反省文などは該当しないと考えられますが、方法が極端に侮辱的な方法である場合にも、パワハラ行為に該当する可能性があります。

Q

退職勧奨を拒否した者に、報復人事や行き過ぎた言動をする行為は、パワハラ行為にあたるのでしょうか。

A

退職勧奨を拒否した労働者に対する行き過ぎた言動がパワハラ行為にあたる可能性があります。

会社側が労働者に対して、退職を促す行為である退職勧奨を行うことは、合意により労働契約を解約するための準備行為として、許容される行為といえます。ただし、労働者には退職勧奨に応じるか否かを決定する自由が保障されていることが前提であり、労働者の自由な意思決定を妨げるような方法による退職勧奨は認められません。

また、退職勧奨を拒否した労働者に対する言動がパワハラ行為に該当する可能性があります。厚生労働省によるパワハラ指針において、パワハラ行為の一類型である過小な要求の具体例として、労働者を退職させるために、能力に見合わない程度の低い仕事ばかりを命じる行為や、仕事を与えない行為がパワハラ行為にあたることが明記されています。裁判例でも、退職勧奨に応じない労働者に対して、自主退職を期待して謹慎処分の延長・更新を繰り返す行為を行ったり、賃金を支払わないなどの措置をとったケースが挙げられます。したがって、報復人事などにより、過小な要求に該当する場合には、会社側の措置がパワハラ行為と評価される可能性があります。

また、退職勧奨に応じない労働者に対して、暴言などを浴びせる行為についても、パワハラ行為にあたり許されません。退職勧奨は、説得の方法などが、社会的に相当と認められる範囲で認められるため、暴言を浴びせるなどの言動は、相当な範囲を逸脱しているため、当然にパワハラ行為に該当します。

Column

どんなタイプが加害者になるのか

パワハラ行為として多く発生しているのが、上司から部下に対するパワハラ行為だといえます。上司が部下に対してパワハラを行ってしまう背景として、上司が抱えるストレスが挙げられます。

一般に管理職などの部下を多く抱える役職に就くと、会社側から最小限の人材でより多くの利益を上げることが求められます。そのため上司は、業務の合理化・効率化に常に神経を使い、大きな負荷の下で、多くのストレスを抱えることになります。そして部下が、能力的な問題などさまざまな要因で、思い通りの働きをしてくれない場合に、それがイライラになってパワハラの原因になることが多いといえます。とくに、上司と部下との間のコミュニケーションが十分に図られている場合には、深刻なパワハラに発展することは少ないといえますが、多くの業務を抱える上司は、部下と十分にコミュニケーションをとる余裕もないために、お互いの認識の違いなどが生じやすく、上司が部下に対して厳しい態度で接し、パワハラ行為に至ってしまうという悪循環に陥っています。

以上の背景の下で、パワハラ行為の加害者になりやすい上司像として、①仕事に対して完璧主義者であることが多い、②上司自身が、過去の業務における成績が優秀でありプライドが高く、部下に対する期待値が高くなりがちである、③物事をあいまいな状態にしておくことを嫌い、「こんなこともできないのか」「なぜ失敗するのか」などの否定的な言動を用いるケースが多い、などの共通点が挙げられます。はじめから部下に対して、パワハラ行為をしてやろうなどの悪意を持って接しているケースは稀です。上司が仕事を完璧に処理しようとする意識が高いために、部下に対して過大な要求が高じて、パワハラ行為に至ってしまうケースが多いといえます。

第３章
セクハラの法律問題と対策

1 セクハラの種類

セクハラの行為類型

セクハラの行為類型については、対価型セクハラと環境型セクハラに大きく分類することができます。

対価型セクハラとは、性的な言動を受けた労働者の拒否や抵抗といった対応により、その労働者が不利益を受ける場合をいいます。

これに対して、環境型セクハラとは、労働者が性的な言動を受けることにより、その労働者の就業環境が害される場合をいいます。環境型セクハラについては、被害を受けた労働者の「就業環境が害される」ことが必要であり、その判断が容易でないケースがあります。

一般に「就業環境が害される」とは、労働者の就業環境が不快なものとなったため、能力を発揮する上で重大な悪影響が生じるなど、その労働者が就業する上で看過できない程度の支障が生じることをいいます。たとえば、労働者の意思に反して身体的接触を行った場合には、直接的な行為であるため、労働者に与える精神的苦痛の大きさを考慮すると、それが１回であったとしても就業環境が害されたと認定されるケースが多いといえます。

また、身体的接触が認められないとしても、その行為が継続的に繰り返されており、労働者が「やめてください」と発言しているなど、明確な抗議をしているにもかかわらず、会社が何ら対応をとることなく放置している場合には、就業環境が害されたと認定される可能性が高いと考えられます。

対価型セクハラにあたる場合とは

対価型セクハラの典型例として、労働者に対して性的な関係を要求

● セクハラの行為類型

対価型	性的な言動を受けた労働者の拒否や抵抗といった対応により、その労働者が不利益を受ける場合 ⇒「不利益」に該当するのは、解雇、更新拒否、降格、減給、不利益な配置転換などである
環境型	労働者が性的な言動を受けることにより、その労働者の就業環境が害される場合 ⇒「就業環境が害される」とは、労働者の就業環境が不快なものとなったため、その労働者が就業する上で看過できない程度の支障が生じることをいう

したことに対して、労働者が拒否したことを理由にその労働者を解雇するケースが挙げられます。その他には、労働者に身体的な接触を行ったことに対して、労働者が抵抗したために、その労働者にとって不利益な配置転換を行う場合や、性的な発言の繰り返しに対して抗議を行った労働者を降格する場合が、対価型セクハラに該当します。

環境型セクハラにあたる場合とは

環境型セクハラの典型例として、事業所内で上司が労働者の身体を触るなどの行為を繰り返すため、その労働者が苦痛を感じて就業意欲が低下するケースが挙げられます。その他には、同僚が労働者に関する性的な事柄を取引先などに暴露したため、その労働者が苦痛を感じて業務に支障をきたす場合や、労働者が業務に専念することを妨げるようなヌードポスターを事業所内に掲示する場合が環境型セクハラに該当します。

2 セクハラ行為の責任

セクハラは会社にどんなリスクをもたらすのか

セクハラは、これを受けた労働者に精神的苦痛などを与えるだけでなく、他の労働者の就業意欲をも低下させ、退職につながる可能性があります。また、インターネットによる情報発信手段が普及した現代においては、SNSなどを通じてセクハラの実態を暴露され、会社の社会的評価が低下する可能性もあります。

そして、セクハラが会社にもたらす直接的なリスクとして、後述するように労働者から損害賠償請求を受けるリスクが挙げられます。セクハラの被害を受けた労働者が、セクハラの行為者に対してだけでなく、会社に対して損害賠償請求を行う場合もあるからです。この損害賠償請求が認められると、会社は被害を受けた労働者に対して一定の賠償額を支払わなければならないため、会社に経済的損失が発生します。近年ではセクハラに関する賠償額が高額化している傾向があります。これは、社会全体がセクハラ被害の深刻さに関して高い問題意識を持つようになってきたことを反映しており、高額な賠償額の支払いが求められる会社のリスクは、さらに大きくなっているといえます。

会社はどんな義務を負うのか

男女雇用機会均等法では、会社（事業主）に対して、職場におけるセクハラを防止するための雇用管理上必要な措置を講じる義務を課しています。具体的には、厚生労働省が公表するセクハラ指針（事業主が職場における性的な言動に起因する問題に関して雇用管理上講ずべき措置についての指針）が4つの内容を示しています。①会社の方針の明確化とその周知・啓発、②労働者の相談（苦情を含みます）に応

● セクハラが会社にもたらすリスク

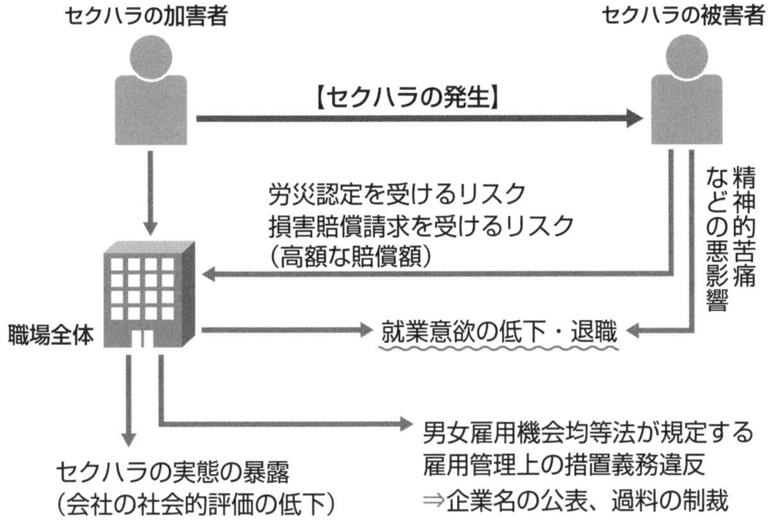

じて適切に対応するための必要な体制の整備、③職場におけるセクハラが発生した場合の迅速・適切な対応、④上記①～③の措置と併せて講ずべき措置です。

①　事業主の方針の明確化とその周知・啓発

職場におけるセクハラがあってはならない行為であることを明確化し、それが懲戒処分の対象に含まれることなどを就業規則などで定め、労働者に周知・啓発することです。労働者への周知・啓発の方法として、会社としてセクハラに厳しく対応する方針を示すため、社内報、パンフレット、社内ホームページなどにセクハラに関する情報などを掲載する他、研修や講習会を実施することが挙げられます。

②　労働者の相談に応じて適切に対応するための必要な体制の整備

相談窓口の設置が必要になります。相談窓口は形式的なものを設置すればよいというわけではなく、実質的に相談が可能な窓口を設置しなければなりません。相談を担当する者は、セクハラに関する十分な知識を持ち、相談に訪れた労働者に対して状況に応じた適切なアドバイスなどをする必要があり、場合によっては医師の受診を勧める必要もあるため、事前に外部機関と連携をとっておく必要があります。

③　職場におけるセクハラが発生した場合の迅速・適切な対応

社内でセクハラ被害が発生した場合に、会社側が当事者などからの聞き取りを通じて、正確な事実関係を把握することです。その結果、セクハラが事実であると判明した場合には、被害を受けた労働者に対して、行為者と切り離すための配置転換、労働条件などに関する不利益からの回復、労働者にメンタルヘルス不全などが見られる場合は産業医の受診を勧めること、などの措置を速やかに講じます。また、行為者に対しては、就業規則などに基づき懲戒処分などを行い、再発防止のため、労働者に対して必要な事項について一層の周知・啓発を行う必要があります。

④　①～③の措置と併せて講ずべき措置

セクハラ被害に関わる当事者のプライバシーを保護するための措置などが挙げられます。セクハラに関する情報は、当事者の重要なプライバシーに関連する事項です。そのため、情報が外に漏れないための措置を講じることで、セクハラの被害者が安心して相談できる環境を作ることが重要です。その他にも、セクハラ被害の発生が疑わしい場合に、当事者以外の者から事情聴取をする際に、協力したことを理由に不利益が生じないことを周知する必要があります。

どんな場合に責任を負うのか

セクハラ被害が起こった場合に、会社が被害者に対して損害賠償義務を負担する場合があります。その場合の法律上の根拠として、民法が規定する使用者責任に基づく損害賠償責任を追及される可能性が挙げられます。使用者責任が追及されるのは、セクハラ被害が会社の「事業の執行」に関して行われたことが必要です。

「事業の執行」であるか否かは、行為者の役職などの地位、セクハ

● 会社側が責任を負う場合

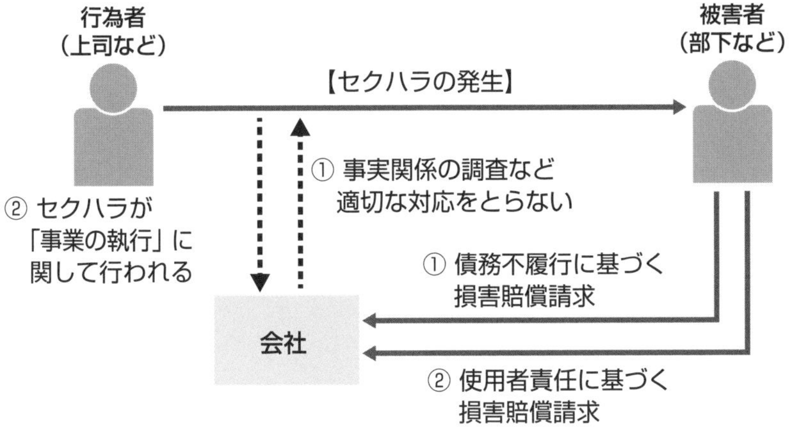

ラが行われた場所、セクハラの内容や程度などを考慮して判断されます。会社側は、セクハラが「事業の執行」とは無関係に行われたことを立証すれば、使用者責任を免れますが、とりわけ事業所内でセクハラが行われた場合は「事業の執行」に関して行われたことが認められ、会社が使用者責任を負う可能性が高いといえます。

また、セクハラ被害に関して、会社は、民法が規定する債務不履行に基づく損害賠償責任を追及される可能性も挙げられます。会社は、労働者との間で締結した雇用契約に基づく義務のひとつとして、労働者に対して安全配慮義務を負っています。

安全配慮義務とは、労働者が生命・身体などの安全を確保しつつ労働ができるように、会社が必要な配慮をする義務です。労働者がセクハラ被害を受けた場合には、会社が安全配慮義務を怠っていたことを理由に、労働者が会社に対して債務不履行に基づく損害賠償責任を追及することが考えられます。

なお、会社に対して使用者責任と債務不履行責任のどちらを追及するかは、被害を受けた労働者が選択することになります。

Q 男性がセクハラの被害者になることはあり得るのでしょうか。「男のくせに」などと叱責するような行為もセクハラにあたるのでしょうか。

A 男性もセクハラの被害者になり得ますので、会社は男性に対するセクハラ防止の措置義務も負っています。

セクハラというと、男性による身体への接触や性的な関係を迫る行為などが典型例として挙げられ、男性が加害者、女性が被害者という印象の強いハラスメントである点は否めません。しかし、セクハラ防止の措置義務を規定する男女雇用機会均等法では、セクハラ被害を受ける労働者について、性別による区別を設けていないことから、男性労働者に対する性的な発言もセクハラに該当することがあります。したがって、会社（事業主）としては、男性労働者のセクハラ被害を防止するためにも、雇用管理上の必要な措置をとらなければなりません。

男性労働者に対するセクハラとして、たとえば、性的な言動を浴びせる行為が挙げられます。具体的には、交際相手の有無や性的な経験の有無を問いただすなど、性的な内容の情報に関する発言を強要したり、他の労働者に対して発言内容を言いふらすような行為などがセクハラにあたる可能性があります。

また、男性労働者に対して性的な関係を強要することや、不必要に身体に接触する行為もセクハラに該当します。たとえば、女性の上司が男性の部下に対して性的な関係を迫る行為などが、セクハラにあたる可能性があります。

さらに、厚生労働省が公表している広報資料においては、「男性のくせに根性がない」など、性別役割分担意識（性別に基づく役割意識）に基づく言動が、セクハラに該当する可能性があることを明らか

男性に対するセクハラ

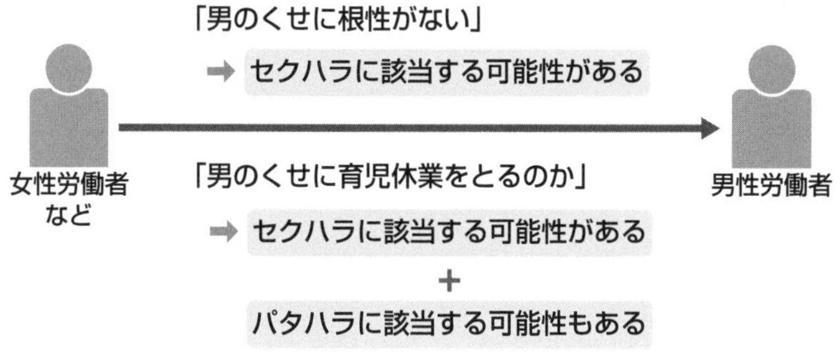

にしています。したがって、本事例のように「男のくせに」と叱責する行為は、発言者が女性の上司などである場合はもちろん、男性の上司などが部下の男性労働者に対して発言する場合も、セクハラに該当する可能性があります。

さらに、会社として注意すべき点は、「男のくせに」という発言がセクハラに該当するとともに、他のハラスメントにも該当する場合があるという点です。具体的には、「男のくせに育児休暇を取得するのか」という内容の発言を、男性労働者に対して行ったというケースが挙げられます。この発言は「育児は女性が行う」という性別役割分担意識にも基づくものであり、男性労働者に対するセクハラにあたる可能性があります。それだけでなく、男性労働者が育児休業制度を利用することを妨げる内容の発言であると考えられるため、制度等の利用への嫌がらせとしてパタハラ（⇨ P.98）に該当する可能性もあります。

会社としては、ある発言内容が性的な言動にあたらない場合でも、他のハラスメントに該当する可能性があることを認識した上で、慎重に対応する必要があります。

Q　LGBT の労働者に対してはどのような配慮が必要でしょうか。また、どのような行為が LGBT の労働者に対するセクハラにあたりますか。

A　LGBT にあたるか否かを不用意に尋ねない配慮が必要であり、LGBT に対する偏見に基づく言動などがセクハラにあたる可能性があります。

LGBT とは、性的少数者（セクシャルマイノリティ）を総称する言葉です。具体的には、以下の人々を指しています。

① **レズビアン（Lesbian）**

同性愛者のうち、女性同士の場合を指します。

② **ゲイ（Gay）**

同性愛者のうち、男性同士の場合を指します。

③ **バイセクシャル（Bisexual）**

恋愛対象の性別が、両性にわたる場合（両性愛者）を指します。

④ **トランスジェンダー（Trangender）**

身体の性別と心の性別が一致していないため、身体の性別に違和感を持っている者を指します。

LGBT の人々は、さまざまな偏見や差別にさらされていますが、これは職場においても同様です。まず、会社から労働者に対して LGBT にあたるか否かを尋ねることがあります。しかし、労働者の性的指向・性自認は、基本的に職業上の能力や職務遂行とは関係ありませんので、LGBT にあたるか否かを不用意に尋ねないよう配慮するのが適切です。また、採用、配置転換、昇進などの場面で LGBT の人々を差別的に取り扱うことは許されません。

その他にも、LGBT に対するセクハラが問題になるケースがありま

ＬＧＢＴに対するセクハラ

- ①レズビアン（Lesbian）
- ②ゲイ（Gay）
- ③バイセクシャル（Bisexual）
- ④トランスジェンダ（Trangender）

す。たとえば、男性上司が男性部下に向かって「お前はホモだから近づくな」と発言した場合を考えてみましょう。

この上司の言動がセクハラにあたるか否かについては、前提として検討すべき問題があります。同性に対する言動がセクハラにあたるのかという問題です。現在では、男性から女性、女性から男性だけでなく、男性同士、女性同士といったあらゆる形態の言動がセクハラの対象に含まれます。そして、厚生労働省が公表するセクハラ指針においては、同性に対するセクハラの存在を前提に、被害者の性的指向・性自認にかかわらず、その被害者に対するセクハラもセクハラ指針の対象に含まれることを明示しています。したがって、LGBT であることに基づく言動による差別などもセクハラに該当します。

そうすると、前述のケースのように「お前はホモだから近づくな」という男性上司から男性部下に対する発言はセクハラに該当し、その他のセクハラと同様に、行為者は、被害者に対する損害賠償請求や会社からの懲戒処分などを受ける可能性があります。会社についても、LGBT に対するセクハラを防止するための措置を講じることが義務づけられており、これを怠った場合は責任追及を受ける可能性もあります。

3 セクハラ問題が発生したときはどうする

セクハラ対策をどのように実施するのか

セクハラの背景には、たとえば、資料のコピーやお茶出しといった業務は女性労働者がやるべきもの、宴席では女性労働者が上司にお酌をするもの、といった性別役割分担意識があります。また、上下関係を利用した相手の気持ちを無視した自分勝手な発言や思い込みは、部下であれば断ることができず、徐々にエスカレートしていく可能性もあります。したがって、セクハラ対策として定期的に研修を実施し、具体的な事例を示すなど、労働者に対する周知・啓発を継続的に行っていく必要があります。

セクハラ対策として、男女雇用機会均等法では、会社（事業主）に対して、セクハラ防止のための雇用管理上の措置を講じる義務（措置義務）を課しています。この措置義務を受けて、厚生労働省が公表しているセクハラ指針において、具体的に講ずべき措置の内容を示しています。会社が講ずべき主な措置として次ページ図のような内容が挙げられます。

まず、会社としては、あらかじめ就業規則などの書面に職場にセクハラがあってはならない旨の方針などを規定し、労働者に周知、啓発しておくことが必要です。次に、実際にセクハラが生じている場合だけでなく、セクハラに該当するかどうか微妙なものも含めて相談できる体制を構築します。体制は相談窓口を設置することが一般的です。

セクハラがあった場合には、事実関係の確認や被害を受けた労働者に対する配慮（メンタルヘルス不調への相談対応など）、行為者に対する措置（異動や懲戒処分など）、再発防止に向けた措置（方針の再徹底など）を講じる必要があります。この際、被害を受けた労働者や

● セクハラ指針の主な内容

①	セクハラがあってはならないとする方針などを明確化し、労働者に周知・啓発すること
②	相談窓口を設けること
③	相談に対して事実関係を迅速かつ正確に確認すること
④	セクハラが事実であった場合に、被害を受けた労働者に対する配慮のための措置を適正に行うこと
⑤	セクハラが事実であった場合に、行為者に対する措置を適正に行うこと
⑥	再発防止に向けた措置を講ずること

相談者のプライバシーの保護に留意する必要があります。

相談された場合にどうすべきか

セクハラの相談があった場合には、事実関係を迅速かつ正確に確認することが最も重要です。相談窓口の担当者は、相談者をトラブルメーカーとして見てしまう場合もあります。そのような先入観にとらわれず、事実関係を確認する姿勢が大切です。また、担当者が「プライバシーの問題だから相談には乗れない」「当事者同士で解決すべき問題だ」と考えて対応しないと、セクハラ問題が裁判に発展して、会社側の対応について違法性（安全配慮義務違反など）が認められることもあります。相談の段階で十分な対応をすることで、裁判のリスクを減らすことができます。

セクハラの相談に応じたものの、会社の事後対応が不十分であったときも、裁判で違法性が認められる場合がありますから、相談後の対応についても注意しておくことが必要です。

Column

アカデミックハラスメントとは

アカデミックハラスメント（アカハラ）とは、研究や教育機関などにおいて、優位にある力関係を利用して、研究者などに対して肉体的・精神的苦痛を与える行為です。アカハラという場合には、教員が学生に対して行うケースが問題になることが多いのですが、ここでは職場としての研究機関・教育機関で起こるアカハラについて見ていきましょう。

研究機関・教育機関におけるアカハラの具体例としては、部下である研究者が申請した研究費の応募について、正当な理由なく上司が応募を拒否したり、あるいは研究費の削減を強制したりするなど、研究・教育環境を悪化させる行為が挙げられます。その他には、部下の研究成果を上司自身の研究成果であるかのように論文などにおいて公表し、上司が力関係の優位性を利用して部下に対して、その事実を隠しておくように命じるケースもあります。さらに、上司が気に入らない部下の研究者について、正当な理由もないのに他の研究機関への異動を命じて、それまで取り組んでいた研究から遠ざける行為や、特定の研究者に対して差別的に指導を行わない行為なども、職場におけるアカハラの類型として挙げられます。

また、上司が部下の研究者に対して退職勧奨を行うケースや、研究機関などの内部で暴言を浴びせたり、あるいは暴力行為を行ったりするケースもあります。

以上で挙げた行為は、職場におけるパワハラにあたる可能性もあります。したがって、職場におけるアカハラは、パワハラとなるケースも多いのですが、いずれにしても許されない職場における嫌がらせであることには変わりがありません。研究機関としては嫌がらせの防止のための措置を講じる義務を負うことになります。

第４章

出産・育児・介護休業とマタハラの法律問題

1 制度等の利用への嫌がらせ型のマタハラ

どのようなパターンがあるのか

制度等の利用への嫌がらせ型のマタハラとは、産前産後休業、育児休業、軽易業務への転換などの各種制度を労働者が請求し、あるいは利用したことに基づき行われる嫌がらせのことです。①労働者が各種制度の利用に関して相談や請求を行った場合に、解雇などの不利益取扱いを示唆する行為、②各種制度の利用を直接的に阻害する行為、③各種制度の利用後に行われる嫌がらせに分類することができます。厚生労働省が公表しているマタハラ指針では、①～③のそれぞれについて、以下のような具体例が挙げられています。

①　不利益取扱いを示唆する行為

たとえば、女性労働者が産前産後休業などの各種制度を利用することを希望して上司に相談したところ、上司が解雇を示唆する言動をした場合が挙げられています。具体的には、上司が「出産時には産前産後休業や育児休業を取得するのではなく、辞めるのが通例になっている」などと労働者に述べることは、不利益取扱いを示唆する行為に該当します。解雇以外にも、産前産後休業や育児休業などを取得した労働者に対して、「昇進をさせない」「査定はあきらめてほしい」などと言って、昇進がないこと、もしくは降格させることを示唆する行為も不利益取扱いを示唆する行為に該当します。

なお、実際に不利益取扱いをすることは「妊娠・出産等を理由とする不利益取扱い」（不利益取扱い型のマタハラ）に該当します（⇨ P.88）。

②　制度等の利用を阻害する行為

制度等の利用を阻害する言動とは、特定の言動を受けた労働者が、客観的に見て産前産後休業や育児休業などの制度を利用することが阻

● 制度等の利用に関する嫌がらせ

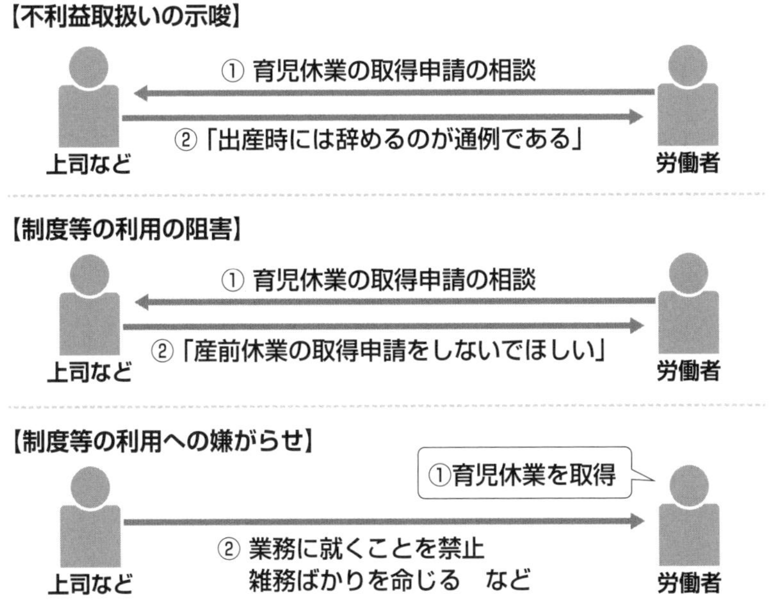

害されると判断できる場合です。たとえば、上司に対して育児休業の取得に関する相談をしたところ、上司が「育児休業の取得申請を行わないでほしい」「育児休業の取得申請を取り下げてほしい」などと言って、育児休業の取得を断念させようとする言動を行うことが挙げられます。

③　制度等を利用したことへの嫌がらせ

制度等を利用したことへの嫌がらせとは、産前産後休業や育児休業などを取得したことに基づき、労働者の職場における能力の発揮や継続的な就業に対して重大な影響を与えるおそれがあり、看過することができない言動をいいます。たとえば、育児休業を取得した労働者に対して、上司が業務に従事することを禁止したり、あるいは雑務ばかりを継続的に命じたりする行為が挙げられます。

2 状態への嫌がらせ型のマタハラ

状態への嫌がらせ型とは

状態への嫌がらせ型とは、労働者の妊娠・出産に関する事由に基づき、嫌がらせにあたる言動が行われるという形式のマタハラです。「妊娠・出産に関する事由」には、後述するように、妊娠・出産をしたことに加えて、妊娠・出産に起因する症状なども含まれます。

妊娠・出産などの状態にある労働者は、一般的に労働能力が低下し、あるいは就業可能な職種が制限されるため、そのことに対して嫌がらせにあたる言動を行うことも、状態への嫌がらせ型に該当します。状態への嫌がらせ型に該当するか否かは、言動の内容、労働者に対する言動の伝達方法、言動が行われた期間や回数、言動を行った者の地位（たとえば、言動を行った者が上司であること）などを考慮します。その上で、嫌がらせにあたる言動を受けた労働者が、職場における能力の発揮や、継続的に就業の継続に対して看過できない程度の重大な影響が生じている場合に、マタハラに該当すると考えます。

どのようなパターンが問題になるのか

厚生労働省が公表するマタハラ指針（⇨ P.22）では、状態への嫌がらせ型の対象に含まれる「妊娠・出産に関する事由」が挙げられています。具体的には、①妊娠したこと、②出産したこと、③坑内業務や危険有害業務の就業制限規定により就業できず、あるいは就業しなかったこと、④産後の就業制限規定により就業できず、あるいは産後休業をしたこと、⑤妊娠・出産に起因する症状（つわり、妊娠悪祖、切迫流産、出産後の回復不全などの妊産婦に現れる症状）により労務の提供が困難なこと、あるいは労働能率が低下したこと、などが対象

● 状態への嫌がらせ型のハラスメント

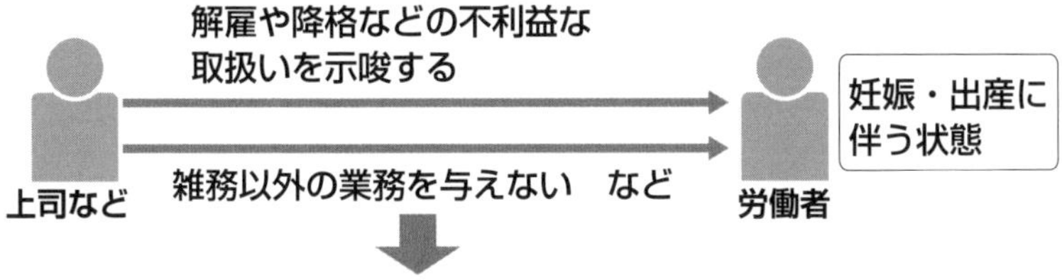

【原則】状態への嫌がらせ型のマタハラにあたる

【例外】労働者の体調不良などの状態を考慮して業務量を調整する行為は原則としてマタハラにあたらない
⇒期間が不当に長期にわたる場合や労働者が明確に拒否している場合には、マタハラに該当する可能性がある

に含まれます。もっとも、これらの事項は例示であり、その他の妊娠・出産に伴う状態にある労働者に対する言動も、状態への嫌がらせ型にあたる可能性があります。

状態への嫌がらせ型の典型例としては、妊娠・出産などの状態にある労働者に対して、解雇や降格などの不利益な取扱いを行うことを示唆する行為が挙げられます。

また、上司が「妊婦はいつ休みを取得するのかわからない」といって、妊娠中の女性労働者に対して雑務以外の業務を与えないとする措置も、原則として状態への嫌がらせ型のマタハラにあたります。

その一方で、上司が妊娠中の女性労働者の体調不良を考慮して業務量を調整するなどの措置は、原則としてマタハラに該当しません。ただし、上司などの措置が、当初はマタハラに該当しないものであったとしても、その措置の期間が不当に長期にわたる場合には、マタハラに該当する可能性があります。業務量の調整などを労働者側が明確に拒否しているにもかかわらず、その措置を継続する場合も、マタハラにあたると判断されるおそれがあります。

3 妊娠・出産等を理由とする不利益取扱い

不利益取扱いにもいろいろある

妊娠・出産等を理由とする不利益取扱いとは、不利益取扱い型のマタハラのことで、労働者が妊娠・出産などを理由に解雇などの不利益な取扱いを受けることです。男女雇用機会均等法では、妊娠、出産、産前産後休業の取得などを理由とする解雇などの不利益取扱いを禁止し、育児・介護休業法では、育児休業の請求や取得を理由とする解雇などの不利益取扱いを禁止しています。不利益取扱いは解雇に限定していないので、降格、減給、賞与の査定などにおける不利益評価、配置転換、自宅待機など、さまざまな行為が不利益取扱いに該当する可能性があります。

具体的には、男女雇用機会均等法により、原則として妊娠中あるいは出産後１年以内の女性労働者の解雇を無効としています。ただし、会社（事業主）が妊娠・出産を理由とする解雇ではないことを証明したときは、例外的に解雇が有効となります。たとえば、出産後１年以内の女性労働者を解雇したケースで、会社がその労働者について妊娠前から協調性の欠如などを警告しており、出産後も依然として協調性の欠如が改善されないために解雇したことを証明し、有効な解雇であると判断した裁判例が挙げられます。

解雇以外の不利益取扱いについては、最高裁判所の判例が判断の枠組みを示しています。妊娠・出産等に伴う不利益取扱いを禁止する男女雇用機会均等法の規定は、強行規定（当事者の意思によって適用を排除できない規定）なので、これに違反する行為は原則として違法・無効です。また、妊娠に伴う軽易作業への転換のための降格処分など、妊娠・出産等を契機として行う不利益取扱いは、妊娠・出産等を理由

● 不利益取扱いが違法とならない場合

違法・無効とならない場合	違法・無効とならないための要件
①業務上の必要性に基づく不利益取扱い	・業務上の必要性から支障があるため不利益取扱いを行わざるを得ない ・業務上の必要性が不利益取扱いにより受ける影響を上回る特段の事情が存在する
②合理的・客観的な理由に基づく不利益取扱い	・契機とした事由や取扱いにより受ける有利な影響が存在し、労働者がその取扱いに同意している ・契機とした事由や取扱いにより受ける有利な影響がその取扱いにより受ける不利な影響を上回り、一般的な労働者であればその取扱いに同意するような合理的な理由が客観的に存在する

とする不利益取扱いに該当することが推定され、会社が妊娠・出産等を契機として不利益取扱いを行ったものでないことを証明しない限り、不利益取扱いとして違法・無効と判断されます。

違法・無効な不利益取扱いにあたらない場合とは

最高裁判所の判断を受けて、厚生労働省は通達を発して、最高裁判所が言及していた不利益取扱いに関する判断枠組みを提供しています。

具体的には、妊娠・出産等を契機として行う不利益取扱いは、それらを理由とする不利益取扱いと推定され、①不利益取扱いを行わざるを得ない特段の事情があるような業務上の必要性に基づく不利益取扱いであることや、②労働者が同意し、かつ、一般的な労働者であれば同意するような合理的・客観的な理由に基づく不利益取扱いであることを、会社側が証明しない限り違法・無効な不利益取扱いであるとしています（上図）。

4 軽易業務への転換

どんな行為が問題になるのか

労働基準法では、妊娠中の女性労働者が**軽易業務への転換**を請求することを認めています。これを受けて、男女雇用機会均等法では、軽易業務への転換を請求したか、もしくは軽易業務への転換をしたことを理由に、会社（事業主）が解雇などの不利益取扱いをすることを禁止しています。妊娠・出産等を理由とする不利益取扱いと同様に、不利益取扱いは解雇に限定されません。したがって、雇用契約の不更新、正社員から非正規社員への雇用契約の変更、労働時間の制限、降格、減給、就業環境を害する行為なども不利益取扱いに含まれます。

たとえば、就業環境を害する行為には、仕事をさせない、嫌がらせをするなどが該当します。したがって、上司や同僚から「妊婦はいつ休むかわからないから仕事は任せられない」「妊娠するなら忙しくない時期にしてほしかった」などの発言が継続的にあった場合には、就業環境を害する行為として不利益取扱いであると判断されます。また、解雇や降格などの不利益取扱いを示唆する発言を繰り返すことも、同じく就業環境を害する行為にあたります。

不利益取扱いをしないための注意点

まず、「妊娠した」という事実と「日常の業務態度」を混同しないことです。女性労働者が軽易業務への転換を請求した場合、上司としては仕事に対する熱意がないと判断するかもしれません。また、感情的になって、仕事の取り組みに対する指導や注意をしたつもりが、労働者からは軽易業務への転換に対する威圧的発言として受け取られるかもしれません。

● 軽易業務への転換に関する規制

【労働基準法 65 条３項】

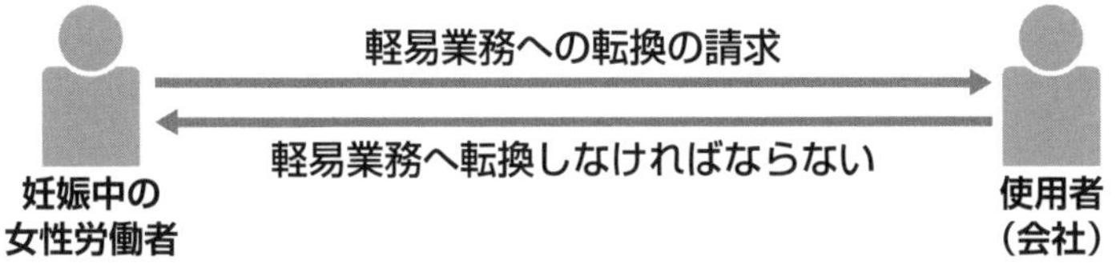

【男女雇用機会均等法９条３項、同法施行規則２条の２第６項】

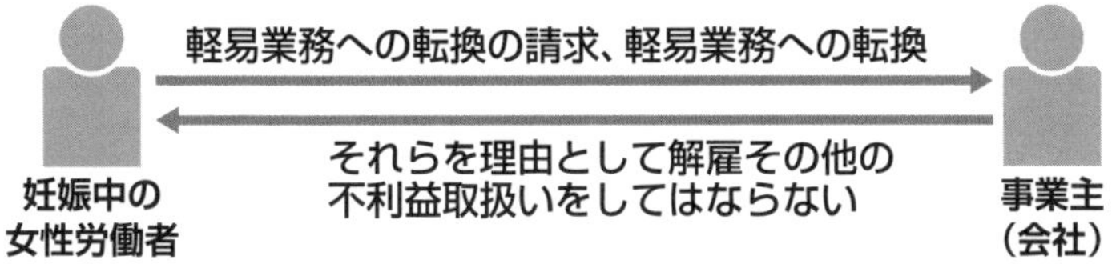

妊娠したことによる軽易業務への転換請求は、妊娠中の女性労働者の権利であることを理解し、日常業務に対する指導や注意は不適切な行為があるたびに行い、両者の線引きを明確に行うことが必要です。

次に、軽易業務へ転換する際に降格が必要になった場合は、転換後の業務内容・責任と現在の役職などとの関連性を労働者に説明し、同意を得た上で降格することが望ましいといえます。軽易業務へ転換した際には、これまでの業務を自分だけでは十分に果たせない、突発的なクレーム対応が発生しても時間外労働をして対応できない、などの問題が想定されます。この場合は、業務負担や責任の軽減に伴う措置として、役職を解くなどの降格も合理的なものとして説明できます。軽易業務への転換請求があった場合には、業務転換によって受けるメリットだけでなく、合理的な理由を説明した上で、降格などのデメリットについて十分に話し合う必要があります。最終的には、労働者から降格の同意書を得ておくことが、後々のトラブルを回避することにつながります。

5 育児休業後の労働条件をめぐるトラブル

どんな行為が問題になるのか

育児・介護休業法では、労働者が育児休業の申出・取得をしたことを理由に、会社（事業主）がその労働者に対して解雇などの不利益取扱いをすることを禁止しています。不利益取扱いは解雇に限定されません。そのため、有期契約の不更新、正社員から非正規社員への労働契約の変更の強要、降格、減給、賞与などにおける不利益な算定、昇進・昇格の人事考課における不利益な評価、不利益な配置変更、就業環境を害することも、不利益取扱いに含まれます。これらの不利益取扱いは、労働者の育児休業の申出を契機とするだけでなく、育児休業の取得を契機とする場合も含みます。なお、育児休業の期間中は仕事をしていないので、その期間中を無給にすることは可能です。

不利益取扱いをしないための注意点

まず、育児休業を取得した労働者の復職について、就業規則などで「原則として育児休業前と同一の部署や職務とする」と定めておくことです。育児・介護休業法では、育児休業の取得前と同一の部署や職務に復帰させることを義務づけていません。しかし、育児休業は長期になることが多く、労働者にとっては、復職後の部署や職務がわかっていることで、安心して休業することができます。

次に、復職後の業務に支障が生じ、配置の変更（転換）を行わざるを得ない状況もあり得ます。変更後の部署や職務によっては、基本給や賞与などが減額される可能性もあります。その場合、不利益取扱いと認定されないようにするには、以下のいずれかにあてはまることに注意する必要があります。

● 育児休業の申出・取得を理由とする不利益取扱い …………

不利益取扱いの例

・解雇すること
・有期契約を不更新とすること
・正社員から非正規社員への労働契約の変更を強要すること
・降格させること
・給与・賞与などにおいて不利益な算定を行うこと
・昇進・昇格の人事考課において不利益な評価を行うこと
・不利益な配置変更を行うこと

例外 ↓ 以下のいずれかにあてはまる場合は不利益取扱いとならない

①業務上の必要性から不利益取扱いを行わざるを得ず、その必要性が不利益取扱いにより受ける影響を上回る特別の事情が存在する場合。
②労働者が取扱いに同意しており、かつ、一般的な労働者ならば同意するような合理的な理由が客観的に存在する場合。

①　業務上の必要性から不利益取扱いを行わざるを得ず、その必要性が不利益取扱いにより受ける影響を上回る特別の事情が存在する

①の例として、経営状況を理由とする場合があります。たとえば、債務超過を理由に解雇、減給などをする場合です。労働者本人の能力不足、態度不良などを理由とすることもできますが、育児休業の申出・取得の前から能力不足、態度不良などが問題とされていた事実が必要です。

②　労働者が取扱いに同意しており、かつ、一般的な労働者ならば同意するような合理的な理由が客観的に存在する

②については、会社から労働者に説明が行われ、十分に理解した上で同意しているかが問題とされます。労働者への直接的な影響だけでなく、間接的な影響（たとえば、降格に伴う基本給の減額など）も説明が必要です。また、口頭ではなく書面を交付して説明すると、労働者の理解を助けることになります。ただし、説明の際には「休業前に退職すると会社都合の退職とするが、休業後では自己都合退職にするので失業給付が減額される」など、自由な意思決定を妨げるような説明をしてはいけません。

6 男女雇用機会均等法

どんな法律なのか

男女雇用機会均等法は、その正式名称を「雇用の分野における男女の均等な機会及び待遇の確保等に関する法律」といいます。雇用上の男女の機会均等・均等待遇や、女性労働者の産前産後の安全・健康の確保を目的とする法律です。

男女雇用機会均等法が制定された昭和60年当時、女性の社会進出が増える一方、仕事は単純作業や男性の補助的業務に限定するなど、男性とは異なる取扱いをする会社が見られました。そのような背景の中で、昭和54年に採択された女子差別撤廃条約の批准に向けた国内法整備の一環として、男女雇用機会均等法は、労働者の性別にかかわらず、充実した職業生活の整備を図るため、勤労婦人福祉法を改正する形で制定されました。その後、平成9年成立の改正では、採用、昇進、教育訓練などにおいて性別を理由として差別的取扱いをすることを禁止しました。また、女性労働者に対するセクハラを防止するための配慮義務が規定されました。

平成18年成立の改正では、上記の配慮義務を改めて、男女労働者に対するセクハラ防止のための措置を義務化しました。その他、妊娠・出産による不利益取扱いの禁止、間接差別の禁止が規定されています。さらに、平成28年成立の改正では、妊娠・出産による不利益取扱いの防止措置を義務化しました。

どんなことを規定しているのか

男女雇用機会均等法の規定内容には、次ページの図のような事項があります。とくに重要な規定は、性別を理由とする差別を禁止してい

● 男女雇用機会均等法の内容

①性別を理由とする差別の禁止（第5～8条）	・募集、採用、配置、昇進などにおいて性別を理由とする差別の禁止 ・間接差別の禁止 ・女性労働者を優遇する特例
②婚姻、妊娠、出産などを理由とする不利益取扱いの禁止（第9条）	・婚姻、妊娠、出産を退職理由として予定する定めの禁止 ・婚姻を理由とする解雇の禁止 ・妊娠中、産後1年以内の解雇にあっては、会社（事業主）が妊娠などが理由でないことを証明しない限り無効 ・妊娠、出産、産前産後休業の取得などを理由に解雇やその他の不利益取扱いの禁止
③ハラスメント対策（第11条、第11条の3）	・セクハラ防止のための雇用管理上の措置 ・マタハラ（妊娠、出産等に関するハラスメント）防止のための雇用管理上の措置
④母性健康管理措置（第12,13条）	・妊娠中、出産後の女性労働者が保健指導や健康診査を受けるための時間の確保、指導事項を守ることができるように必要な措置の実施

※②～④については派遣先事業主にも適用されます。

る点です。募集・採用、配置（人事異動など）、昇進などは、仕事をする上で大きな転換点になります。それらの転換点で、性別を理由として給与が低く抑えられたり、重要な職務に就くことができなかったりすれば、労働者の能力や経験を活かして充実した職業生活を送ることが困難になります。そこで、男女雇用機会均等法では、性別を理由とする差別を禁止しています。なお、10名の労働者を採用する際に、必ずしも男女を5名ずつ採用する必要はなく、あくまで個々の能力や意欲などを公正に判断した結果として、男性が10名の採用となった場合には、性別を理由とする差別に該当しません。

性別を理由とする差別には、「昇進させない」「雇用しない」という直接的な差別の他に間接差別もあります。たとえば、「募集・採用にあたって身長・体重・体力要件があること」「募集・採用・昇進・職種変更にあたって転居を伴う転勤に応じることを要件とすること」

「昇進にあたって転勤経験があることを要件とすること」といった措置が挙げられます。これらの措置は、業務の遂行や雇用管理においてとくに必要な場合などの合理的な理由がない限り、間接差別として禁止されます。

男女雇用機会均等法では、性別を理由とする差別を禁止していますが、職場の男女間格差を解消する目的で女性のみを有利に扱う措置の特例を設けています。たとえば、女性の役職者や管理職が男性に比べて相当少ない職場では、女性に対して昇進のための試験の受験を奨励し、基準を満たす労働者の中から優先的に女性労働者を昇進させることが可能です。

不利益取扱いの禁止について

男女雇用機会均等法では、婚姻、妊娠・出産などを理由とする不利益取扱いを禁止しています。具体的には、以下の措置を禁止して、それらの措置を違法・無効としています。

・婚姻、妊娠、出産を退職理由とする予定の定めの禁止
・婚姻を理由とする解雇の禁止
・妊娠中、産後１年以内の解雇にあっては、会社（事業主）が妊娠などが理由でないことを証明しない限り無効
・妊娠、出産、産前産後休業の取得などを理由とする解雇やその他の不利益取扱いの禁止

ただし、業務上の必要性がある場合や、合理的・客観的な理由に基づく場合には、例外として違法・無効な不利益取扱いに該当しないと判断されます（⇨ P.89）。

ハラスメント対策について

ハラスメントは労働者の就業環境を悪化させ、能力の発揮を阻害するとともに、企業の社会的評価にも影響を与えます。男女雇用機会均

等法では、会社（事業主）に対して、職場におけるセクハラの防止措置や、マタハラ（妊娠、出産等に関するハラスメント）の防止措置を義務化しています。

マタハラについては、妊娠や出産による症状（つわり、切迫流産など）により就労できないことに対して上司や同僚が不快な発言をすることや、産前産後休業や育児休業などの制度を利用させないように嫌がらせをすることなどが該当します。このようなマタハラの原因としては、制度が利用できることについて職場内で十分周知されていないことや、制度を利用しにくい職場風土、相手の気持ちを考えない自分勝手な発言の存在などが考えられます。定期的に研修・啓発を実施し、具体的なハラスメントの事例を示すなど、労働者の意識向上を継続的に行っていく必要もあります。会社（事業主）は、ハラスメント対策として必要な措置を講じなければなりませんが、厚生労働省はセクハラ指針やマタハラ指針において、具体的な措置の内容を示しています。

なお、令和２年６月１日施行の改正により、ハラスメントの相談をしたことや、相談への対応に協力したことを理由とする不利益取扱いの禁止が定められました。

妊娠中および出産後の健康管理に関する措置について

会社（事業主）は、妊娠中、出産後１年を経過しない女性労働者が保健指導や健康診査を受けるために必要な時間を確保できるようにしなければなりません。たとえば、妊娠中の女性は産婦人科などで妊娠週数に応じて、定期的に通院する必要があるからです。措置の具体的な内容としては、通院日に休暇をとりやすくするために人員配置を工夫するなどが考えられます。

また、医師の指導事項がある場合には、その事項を守るための必要な措置を実施する必要もあります。具体的には、勤務時間の変更、勤務日数の軽減などを行う必要があります。

Column

育児休業をした男性社員とハラスメント

育児休業制度等の利用に関する男性社員に対するいじめや嫌がらせを、パタニティハラスメント（パタハラ）といいます。パタニティとは父性のことをいい、男性の育児休業取得率が伸びない原因のひとつとして最近とくに問題となっています。

パタハラの具体例としては、男性社員による育児休業の申請を上司が認めない場合や、申請をした男性社員に対して上司や他の社員が嫌がらせをするなどのケースがあります。さらに育児休業から職場復帰した男性社員に対して仕事を与えない、正当な理由のない左遷や解雇をするといったケースもあります。

パタハラは他のパワハラやセクハラと同様に違法となりうる行為です。場合によっては、会社がパタハラを受けた男性社員から損害賠償を請求されることも考えられます。社内でパタハラが起きているのであれば、会社はすぐに対策をとるべきです。

具体的なパタハラ対策としては、主に次の２つが考えられます。

１つ目は、男性の育児参加に対する社員の意識を変えていくことです。パタハラが起きてしまう背景には「男性は外で仕事をするもの」という古い先入観があります。社員の意識を変えることで、男性社員が育児休業を取得しやすくなり、パタハラが起きにくい社内環境が作られます。

２つ目は育児休業等についての社内制度を整備することです。社内の育児休業制度等が不十分だと、社員ごとに育児休業に対する理解が異なる可能性があり、トラブルのきっかけになってしまいます。あらかじめ、しっかりとした育児休業制度等を構築しておけば、仕事の引継ぎなどもスムーズに行えるので、パタハラが発生する可能性が低くなります。

第5章

その他の
ハラスメントへの
対処法

1 ハラスメントへの会社の対応

事実確認をする

ハラスメントが発生しないように予防策などを示すことは重要ですが、対策をしてもハラスメントが発生することがあります。ハラスメントが発生した場合、会社は必要な措置を講じなければなりません。その場合、単純にハラスメントの行為者を懲戒処分としたり、被害者に損害賠償をしたりすればよいわけではなく、これらの措置に至るまでの過程も重要です。

ハラスメントの事実は、これを受けた本人の相談がきっかけで発覚することが通常です。ハラスメントに関しては、外から目に見える形ではなく、また、行為者の意図に関係なく、ハラスメントを受けた者が精神的苦痛などを受けることではじめて問題として認識されることが多いからです。

ハラスメントの相談を受けた会社は、事実関係を迅速かつ正確に把握しなければなりません。ハラスメントの行為者から暴行を受けて顔にアザができたなど、被害を受けた客観的な証拠があればよいのですが、ハラスメントによる被害は精神的苦痛が多いことから、客観的な証拠に乏しい場合が多いといえます。そのため、会社としては、ハラスメントの相談を受けたとき、まずは当事者から聞き取りなどをして、迅速に事情を調査する必要があります（事情調査）。その上で、正確に事実を把握しなければなりません。

事情調査をする際の注意点

事情調査は迅速に行う必要があります。ハラスメントは、これを受けた者に対して多大な被害を与える可能性があります。とくに精神的

● 会社の対応

会社の対応		注意点など
事実確認	事情調査	迅速な事情調査をするために、あらかじめ事情調査計画を作成しておく
		事情調査の手法・手段が適正でなければならない
		秘密を厳守する
	事実認定	客観的な事実の他、ハラスメントに至った動機、ハラスメントを受けたときの感情の変化など、主観的な事実も含め慎重に認定する必要がある
処分	事後措置	適切かつ迅速にハラスメント被害をなくすための措置を講じる
	二次被害回避	ハラスメントに対して注意をしたことでトラック被害がさらにひどくなったり、ハラスメントを受けていたことが広まることで精神的苦痛を受けたりしないように注意する
再発防止措置		行為者自身に対する再発防止措置を講じる
		職場環境についても対策を講じる

苦痛の感じ方は人それぞれですが、早急に対処しないとうつ病などを発症することもあります。

迅速な事情調査のため、あらかじめ事情調査計画を作成しておくとよいでしょう。ハラスメントを受けたという相談があった場合、その者から事情聴取を行い、次に第三者（同僚など）から事情聴取を行い、最後に行為者とされる者から事情聴取を行い、事実関係を調査する、といった事情聴取の順序も含まれます。個別の事情に応じて柔軟に対応する必要はありますが、調査計画を事前に準備してマニュアル化しておくことによって、事情調査の担当となった者がどのように対応すべきかが明確になり、事情調査が迅速になります。

また、事情調査は適正に行わなければなりません。調査の手法や手段が適正でなければ、その結果も信頼することはできません。たとえ正確な事実を得ることができたとしても、当事者は納得せず、トラブルを拡張することにもなりかねません。

適正な事情調査を行う上で重要となるのが、事情調査が公平であることです。たとえば、事情調査を行う者が、被害者に感情移入し、調査当初から被害者の発言のみを採用するような対応をすると、ハラスメントの行為者とされる者にとって不公平な調査となります。ハラスメントを受けたと主張する者の中には、存在しない事実について語る者もおり、一方当事者に不公平な事情聴取では、正確な事実の確認ができません。公平な調査をするために、事情調査の担当者は、偏見を持たずに当事者の意見を聴くように心がけるべきでしょう。

適正な事情調査において重要な事柄として、**秘密の厳守**もあります。ハラスメントの相談は、秘匿性の高い内容になることが多いといえます。たとえば、セクハラの相談の場合、どのような行為や発言を受けたかは、誰にでも知られてよいものではありません。調査担当者が秘密を厳守できなければ安心して相談ができませんので、秘密が厳守されるようなしくみづくりも重要です。

事実認定をする際の注意点

会社は、ハラスメントを受けたとされる者、行為者とされる者、第三者からの事情聴取を含めた事情調査の結果から一定の事実を認定します。認定する事実は、客観的な事実だけでなく、ハラスメントに至った動機、ハラスメントを受けたときの感情の変化など主観的な事実も可能な限り認定する必要があります。

会社としては、慎重に事実認定をする必要があります。その事実認定に基づいて、行為者に対する懲戒処分などの措置を講じることになるからです。ハラスメントがあったと認定して懲戒処分を行う場合、事実認定が不相当であれば、無効な懲戒処分となりかねないことに注意が必要です。

懲戒処分等をする際に注意しておくこと

ハラスメントの事実に基づいて、会社が懲戒処分等をする際には、適切かつ迅速に行う必要があります。

ハラスメントの被害を受けている者は、自らの力では現状を変えることが難しいから相談しているといえます。そこで、適切かつ迅速にハラスメント被害をなくすための措置を講じなければなりません。たとえば、シフト制の勤務の場合、ハラスメントの行為者と同じ時間帯の勤務を避けることや、部署を変えることも必要になります。

二次被害にも注意が必要です。ハラスメントに対して注意をしたことで被害がさらにひどくなることや、ハラスメントを受けていた事実が広まることで精神的苦痛を感じることなどがあります。このような二次被害を回避するため、ハラスメントを受けていた者の意見や、職場環境などを十分考慮し、適切な措置を行うようにしなければなりません。

再発防止措置を考えておく

ハラスメントに対して懲戒処分等の措置をしても、それだけで会社の対応が終了するわけではありません。ハラスメントが起きた後に**再発防止措置**を講じることが重要です。

まず、行為者自身に対して再発防止措置を講じることが挙げられます。たとえば、ハラスメントを行ったという意識がない行為者については、その者自身の行動や発言のどの部分に問題があったか、どのように対応しなければならなかったかを認識させることが重要です。行為者がハラスメントの事実について認識できるようにするため、研修を受けさせることや、ヒアリングを行うのがよいでしょう。

また、ハラスメントの行為者本人だけでなく、職場環境についても対策を講じなければならない場合もあります。ハラスメントの行為者だけでなく、職場環境がハラスメントを誘発する要因となっていることがあるからです。この場合、労働者全員に研修を受けさせるなど、どのような行為がハラスメントになるかを自覚させることも重要です。

2 相談窓口の設置

相談窓口を設ける意味

厚生労働省が公表するセクハラ指針、パワハラ指針などでは、会社（事業主）に対して、労働者がハラスメント被害を受けた場合に相談ができる窓口の設置を求めています。相談窓口には、管理職や人事労務担当者などの中から相談窓口の担当者を選任し、ハラスメント被害を受けている労働者が気軽に相談できる場所の確保を行う必要があります。

相談窓口の役割としては、会社が早期に問題を把握することに役立つ他、窓口担当者が中立的な立場から問題解決をサポートできるというメリットがあります。当事者同士だけでは感情的になってしまい、問題解決が困難になりかねませんが、相談窓口が関与することにより、当事者の主張を整理して、第三者の中立的な立場から問題解決に向けたアドバイスを行うことが可能になります。また、ハラスメント被害を受けたと主張する者にとっては、相談窓口があり、そこで話を聞いてもらうことによって、「誰にも相談することができない」という孤立感から救われ、ハラスメント被害を受けたことによるストレスを緩和する効果も期待することができます。

どのようなことに気を付けるべきか

相談窓口の担当者は、前提としてセクハラやパワハラなどを含む、ハラスメント被害に関する基本的知識を理解しておくことが重要です。とくに法令や厚生労働省が公表している指針などを通じて、セクハラやパワハラなどに該当する行為や、それらに該当する要件を理解しておく必要があります。

● 相談窓口で気を付けるべきポイント

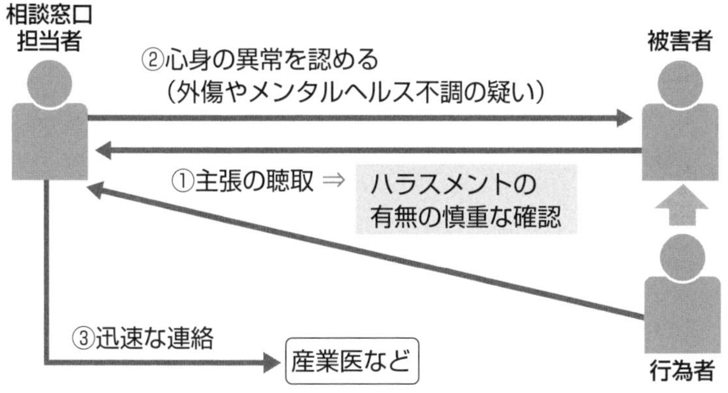

相談窓口の担当者は、相談時以外にも言動に注意する必要があります。相談窓口の担当者は、相談者から十分な情報を聞き出し、必要な対応を行うことで、早期の問題解決を促す役割が期待されています。そのため、相談者が信頼できる人物でなければ、その役割を果たすことが困難になります。

そして、相談窓口の担当者は、対応の手順を明確にしておき、会社内部の他の部署や、会社外部の機関との連携を確認しておく必要があります。相談窓口の重要な役割として、ハラスメント被害について、当事者や関係者（同僚など）からの聞き取りなどを通じて、事実確認を行うことが挙げられます。この場合、相談窓口は対象者が話した内容を正確に把握し、早計な判断に至らないように、事実としてのハラスメントの有無を慎重に確認して、講じるべき対応策を判断しなければなりません。

また、相談者の心身の状態の変化に関しては、速やかな対応が求められる場合があります。たとえば、相談者がパワハラ被害により外傷を受けている場合や、メンタルヘルス不調に陥っていることが疑われる場合には、速やかに産業医などに連絡を取る必要があります。

3 相談業務の基本

相談体制を構築する

ハラスメントの事実は、多くの場合、被害者本人からの相談により発覚します。被害者が暴行を受けてアザが残るなど、客観的証拠が存在することもありますが、ハラスメントの多くは言葉による嫌がらせなどであるため、客観的証拠に乏しい場合が多いのが特徴です。会社としては、ハラスメントの相談体制を構築する必要があります。会社は、労働者に対し、雇用契約上の義務としての職場環境配慮義務を負っています。労働者が働きやすい職場とするには、ハラスメントを防止するだけでなく、ハラスメントを早期に解決することも重要です。そのためには、会社がハラスメントの存在を認識しやすい体制を整え、その存在を認識したときは迅速かつ適切な措置を講ずることが必要です。

相談体制を構築する意味は、被害者が相談しやすくなる点にあります。被害者にとって誰かに相談することは非常に勇気のいる行動です。ハラスメントの相談は、被害者のプライバシーに関わることがあります。相談することで、ハラスメントを行ったとされる者や周囲の者との関係性が悪化するなど、職場環境に影響を与える可能性もあります。相談をしても適切な対応がなされるか不安に思う被害者もいるでしょう。

相談体制が構築されていない状況では、このような被害の拡大や不適切な対応を恐れ、相談をしないことがあります。相談がなされなければ、会社は、ハラスメントの事実を知ることができず、職場環境の改善もできなくなります。そのため、相談体制を構築することには大きな意味があります。

● 担当者が注意すべき点

注意点	ポイントなど
信頼関係の構築	ハラスメントの被害者との間だけでなく、行為者や第三者との間にも信頼関係を構築することが重要
担当者の中立性の確保	相談を受ける担当者がどのような立場であるか説明をすることが重要
適切な初期対応	初期対応を間違えると、被害者にさらに苦痛を与える場合もある他、その後の信頼関係の構築が困難になる
相談から措置への一連の流れの説明	ハラスメントの被害者は早期解決を望むが、事実の確認、ハラスメントの有無についての認定、措置の実行までには、ある程度の期間を必要とすることを説明し理解を得る
	ハラスメントに対する措置は、その対象者にとって重大な不利益を与えるため、急いで措置を行ったため、事実を誤認し、不当な措置をしたとなれば、相談窓口としての信頼を失うことになる

被害者本人から相談される場合とそれ以外の場合がある

ハラスメントの相談は、被害者以外の第三者からの相談により発覚する場合もあります。たとえば、同じ職場の同僚が上司からハラスメントを受けており、同僚が悩んでいるのを見かねた者が、同僚に代わって相談するような場合です。ハラスメントは、被害者本人だけでなく、同僚などの第三者に対しても影響を与えます。たとえば、パワハラをする上司の下で働く労働者としては、「次は自分の番かもしれない」とおびえることもあるでしょう。また、セクハラに関しては、その光景を見せられることもセクハラにあたる可能性があります。

相談体制の構築にあたっては、第三者からの相談があることも想定しておく必要があります。第三者がハラスメントの相談をする場合、その者が被害者から相談を受けていないなど、第三者がハラスメントの事実関係を十分に把握していない可能性がある点を考慮する必要があります。相談を受けた担当者が、事実関係を十分に調査せず、予断を持った状態で被害者や行為者に対する聴取を行ったために、かえって争いが深刻化し、適切な措置を講ずることができなくなるおそれがあります。誰から相談を受けても、プライバシーに十分に配慮した上で、事実関係を慎重に確認して、適切な措置へ導けるように相談体制が構築されているとよいでしょう。

相談窓口の担当者の役割

相談窓口の担当者は、ハラスメントに関する相談を受け、事情調査を行い、職場でどのようなハラスメントが行われていたかを明確にするという役割を担っています。

ハラスメントに関する相談を受ける際には、相談者との間の信頼関係を構築するように努めなければなりません。たとえば、同僚が受けているパワハラを見かねて相談してきた者がいる場合、誰が相談したかという情報が漏れてしまうと、その者は安心して相談することができなくなります。担当者は、相談を受けると事情調査を行い、ハラスメントがあったかどうかを判断するための事実関係を明確にします。このとき、相談者に不利益が及ばないように、相談記録の取扱いなどには十分注意しなければなりません。

その他にも、担当者は、ハラスメントの相談に関する研修を受けるなど、迅速かつ適切に役割を果たすことができように、相談スキルなどの向上にも努めることが求められています。

相談窓口の信頼性の確保

相談を受ける上で最も注意することは、相談を受ける担当者や相談窓口と相談者との間に信頼関係が構築されることです。ハラスメントに関する相談は、その被害を深刻化させる可能性もある勇気のいる行為です。担当者や相談窓口などの相談体制そのものが信頼に足りるものでなければ、相談者は、勇気を振り絞って相談することができないでしょう。

信頼関係を構築するためのポイントとして、相談を受ける担当者の中立性を確保することが挙げられます。担当者が被害者または行為者のどちらかに肩入れしていると、他方からは信頼を得ることができず、十分に事情の聴取をすることができなくなります。このような状況では、しっかりと事情調査をすることもできません。

中立性を確保するための方法としては、担当者がどのような立場であるかを説明することが重要です。たとえば、担当者が味方であると被害者が信じ込んだり、ハラスメントの行為者とされる者が担当者を敵であると思ってしまうと、事実関係の調査が十分にできなくなります。そのため、あくまで担当者は中立であることや、プライバシーや個人情報などは保護されることなどを説明し、理解してもらうことが必要です。

もう一つ、信頼関係を構築するために大切なのは初期対応です。とくにハラスメントの被害者は、相談の時点で精神的苦痛を強く受けている可能性があるため、初期対応を間違えると、さらに苦痛を与えることもあります。そうなると、被害者は担当者を信頼して相談することができなくなります。

その他、相談から措置への一連の流れを説明することも重要です。ハラスメントを受けている被害者からすると、早く解決してほしいと考えるでしょう。しかし、相談を受け、事実関係を確定して、ハラスメントの有無を確認し、行為者などに対する措置を実行するまでには、ある程度の期間を要します。迅速に行うことが重要であるとしても、措置を受ける者にとっては重大な不利益につながります。急いで措置をとったところ、事実関係を誤認し、不当な措置になってしまえば、相談窓口としての信頼を失うことになります。そのため、全体の流れや期間について説明し、理解してもらうことが重要です。

4 信頼関係を構築するための面談の仕方

相談者から話を聞く際の手順

会社内でハラスメントについて労働者が相談に来た場合、相談を受ける担当者は、①相談内容の聞き取り、②事実確認という手順に従って進めていきます。なお、会社のハラスメント対策における役割分担として、①相談内容の聞き取りのみを相談窓口で対応して、その後の②事実確認については、人事担当などの他の部署に任せるという方法も考えられます。

ハラスメントに関する相談を受ける場合には、その前提として、相談者などのプライバシーや個人情報などを保護するため、他人に相談内容を知られることがないように個室を用意して対応することが望ましいといえます。相談時間については、最大でも１時間程度におさえて、相談者の負担に配慮することも求められます。

相談を受ける担当者の役割として、ハラスメントの有無について断定的な判断を行ってはいけません。担当者は、後にハラスメントの有無を判断するために相談によって聞き取った内容を踏まえ、できるだけ多くその判断に資する情報を集める必要があります。とくにハラスメント被害を訴えて相談窓口に来た労働者は、感情的になっている可能性もあります。そのため、相談内容が理路整然としていないことや、ハラスメント被害に関係がない事項が含まれていることもあります。その場合も、担当者は、相談者の話をさえぎらず、一通り相談内容を聞き取った上で、相談内容に関するハラスメント被害の有無を確認する上で必要な情報を的確に選り分けるスキルが必要になります。具体的には、次ページ図のような相談記録表を作成することが求められます。

● 相談記録表

相談記録表（記載例）			
【相談者の情報】			
相談受付日時	20〇〇年〇〇月〇〇日		
氏名	〇〇　〇〇		
所属	〇〇部　〇〇課		
連絡先	080－〇〇〇〇—〇〇〇〇		
【内容】			
日時	行為者 （相談者との関係）	ハラスメントの 内容（場所、状況、 言動など）	同席者・目撃者 の有無
20〇〇年 〇〇月〇〇日 〇〇:〇〇ごろ	〇〇　〇〇	罵声を 浴びせられた	なし

担当者は、相談者から聞き出した内容について、評価を示してはいけません。とくに相談内容を聞いて「それはあなた（相談者）に落ち度がある」などと相談者を非難することは、絶対に避けなければなりません。また、相談者の状態を慎重に見極めて、メンタルヘルス不調の兆候が見られる場合には、産業医やカウンセラーなどの専門機関の紹介を行う必要があります。

相談方法にあわせた接し方をする

ハラスメントの相談方法として、直接の面談以外にも、電話やメールなどによる相談を受け付けることは、相談するための多様な手段を提供する点でメリットがあります。

他方で、電話やメールによる相談は、相談者の様子が確認できません。そのため、面談による聞き取り以上に、短いやり取りの中で、必要な情報を集める工夫が求められます。また、メールの場合には、文字による応答内容が誤解を与える可能性があります。担当者としては、返信内容に配慮するとともに、必要に応じて、相談者との直接の面談を実施するように働きかける必要があります。

5 ハラスメントの行為者に対する措置

どんな措置が考えられるのか

ハラスメントの相談があると、事情調査を行い、事実を認定します。認定された事実から、ハラスメントが行われたと判断されると、会社は行為者に対して一定の措置をすることになります。たとえば、ハラスメントが懲戒処分に対象に含まれることが就業規則で規定されている場合には、その規定に基づいた懲戒処分をすることになるでしょう。主な懲戒処分として、軽いものから順番に、戒告・けん責、減給、出勤停止、降格、諭旨解雇、懲戒解雇を規定するのが一般的です。

そして、ハラスメントの行為者に対する措置は、行為者に不利益を与える懲戒処分だけでなく、行為者による謝罪、被害者の受けた損害の賠償、行為者の配置転換などがあります。

もっとも、ハラスメントに対して、どのような措置を講じてもよいわけはなく、具体的状況に合わせて効果的な措置を講じると、ハラスメントの再発防止につながるでしょう。

懲戒処分をする上での注意点

懲戒処分は、ハラスメントを行うなど、職場の秩序を乱す者に制裁として行う処分です。会社の就業規則において、ハラスメントの行為者となった場合の懲戒処分について、何らかの規定が設けられているのが通常です。

懲戒処分は、被害者の感情を回復し、行為者が再度ハラスメントを行わないようにするという効果だけでなく、他の労働者のハラスメントを防止する役割もあります。しかし、懲戒処分を受ける行為者からすると、場合によっては職を失うこともある不利益が大きい措置です。

● 懲戒処分をする上での注意点

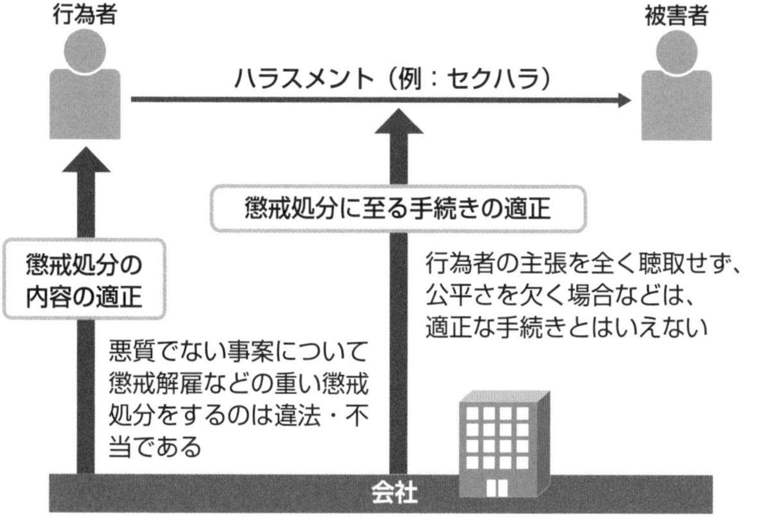

そのため、懲戒処分は慎重に行うように注意しなければなりません。

懲戒処分を行う際に注意することは、以下のとおりです。

① 懲戒処分に至るまでの過程に違法・不当な点がないようにすること

懲戒処分をする過程では、ハラスメントに関する事実認定と、その事実が懲戒事由にあたるかどうかについて判断を行います。これらの判断に誤りがあると、懲戒処分が違法・不当なものとなります。たとえば、行為者がハラスメントを否定している発言をしているにもかかわらず、被害者による「行為者が一方的に恋愛感情を抱いている」などの発言をそのまま受け取り、他に事実関係の調査をすることなく、被害者の話したとおりのハラスメントの事実を認定するのは、誤った事実認定と評価されます。

もっとも、ハラスメントに関する事実認定は、容易ではありません。ハラスメントの有無が問題となった場合、被害者と行為者の間で意見が食い違うことは少なくありません。懲戒処分の内容について争いになっても、その内容が適法・妥当であることを主張できるようにするためにも、ハラスメントに関する事実認定は慎重にするべきでしょう。

懲戒処分の内容も適法・妥当な内容とする必要があります。たとえば、セクハラの相談があった場合で、セクハラにあたる行為はあったものの、行為者は初めて問題となった者で、問題とされた行為も悪質とはいえない場合などに、懲戒免職とすることは、違法・不当な懲戒処分として無効となる可能性があります（これを懲戒権の濫用といいます）。したがって、ハラスメントに対して一律に懲戒処分をするのではなく、具体的状況に適した懲戒処分をすることが必要です。

②　事実認定や処分内容の適正だけでなく、手続きの適正を重視する

不当な手続きを経て懲戒処分がなされた場合も、その懲戒処分は違法・不当なものとして無効となります。

たとえば、ハラスメントの相談があった場合に、被害者と第三者に対してのみ事情聴取を行い、行為者には事情聴取を行わないでハラスメントを認定することは、適正な手続きを経ているといえません。このような手続きでは、正確な事実認定をすることができず、偏った情報を根拠してハラスメントの事実を認定し、それに基づいて懲戒処分をしているといえます。懲戒処分に至る手続きが信頼に足りる公正なものでない限り、その懲戒処分は適法・妥当なものとはいえないでしょう。

ハラスメントの対応について、相談窓口や相談があった場合の手続きをあらかじめ構築しておくことも必要です。これらを事前に構築することで、不当・不十分な手続きを回避することができます。しかし、一律に同じ手続きを経ればよいわけではありません。具体的な状況に応じて、柔軟に手続きを変更することも必要です。たとえば、被害者や第三者の発言からハラスメントの事実が明白で、被害者や第三者と行為者との関係上、あらかじめ構築した手続きを経ると行為者からの圧力で事情調査が困難になる場合には、行為者からの事情聴取を後回しにしても、不当な手続きとはいえないこともあります。

懲戒処分が違法・不当かどうかを判断する上で、普段の防止策が影響を与えることもあります。たとえば、会社においてハラスメント防止を重要課題として、労働者に研修を定期的に受講させ、ハラスメントが疑われる者には常に注意喚起をするなど、防止策を講じていた場合には、重い懲戒処分であってもやむを得ないものとして適法となる可能性が高まると考えられます。

配転命令などの措置をする場合の注意点

ハラスメントをした行為者に対する措置には、懲戒処分以外にもさまざまなものが考えられます。とくに被害者がハラスメント被害を受けることなく就業するため、懲戒処分以外の措置が必要になります。たとえば、行為者と被害者が職場で顔を合わせる機会を減らすために行為者に配転命令をするような場合です。

配転命令は、ハラスメントが発覚する前の部署・事業所から違う部署・事業所への配置の転換を命じるものです。ハラスメントは、同じ部署やビルなど近い関係で起こることが多いといえます。そこで、配転命令をすることで、被害者と行為者を物理的に離し、ハラスメントが行われにくい状況にします。

配転命令は、同じビル内でフロアが変更される異動や、異なる内容の業務で関わりが少なくなる部署への異動など、勤務場所が大きく変わらないものであれば、大きな問題にならないかもしれません。しかし、違う事業所への配転命令のように、勤務先が大きく変わるものである場合には、トラブルになる可能性があります。たとえば、別の地方にある支社への異動を命じると、配転命令を受けた者は、生活環境が大きく変わり、引っ越しを必要とする場合もあるでしょう。転勤が恒常的な会社や業務である場合は、配転命令が問題になることは多くないと考えられます。しかし、ハラスメントの内容などと比較し、配転命令があまりにも不利益の大きい措置であると判断されると、配転命令が違法・不当と判断される可能性があります。

Q　セクハラ被害の申告後に問題行動を起こした労働者を解雇する場合に注意しなければならない点は何でしょうか。

A　合理的な理由に基づいて正当な手続きを経て解雇を行う必要があります。

セクハラ被害を訴えた労働者の解雇の有効性には、セクハラ被害の申告について会社が十分な対応をとったかどうかも影響します。

①　セクハラ被害の申告について会社が十分な対応をとらなかった結果として問題行動が発生した場合

職場で生じるセクハラの問題は、当事者同士では解決できない場合があります。そこで、セクハラの存在を訴えている労働者の主張を会社側が認めなかったため、当事者同士の関係性が悪化し、勤務時間内に当事者同士が直接言い争うなどの深刻なトラブルに陥るケースもあります。その結果、問題行動を起こして職場環境を乱したことを理由に、被害を訴えた者を含めたセクハラ問題の当事者を解雇するという取扱いがなされることがあります。

確かに、当事者同士の争いが深刻化した場合には、他の労働者に与える影響も大きいため、職場環境が悪化したとして当事者を解雇する会社側の姿勢は、一見すると合理的な理由による解雇をしているようにも思われます。しかし、会社が被害を訴えた者の申告に対して十分な対応を行わなかった場合には、被害者を含めた当事者を解雇することは、原則として合理的な理由のない解雇として無効であると考えられます（解雇権の濫用）。

セクハラ問題に対する初期対応で、会社側が当事者同士のトラブルへの関与を避け、それによりトラブルが深刻化したという事情が存在する場合、会社が問題行動を誘発したという側面があります。セクハ

セクハラ被害者に対する解雇

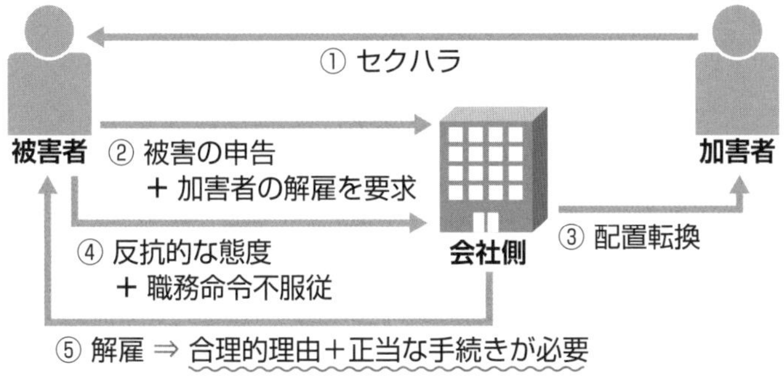

ラは当事者同士のトラブルという側面を持っていますが、職場内における問題でもあることから、会社は健全な職場環境を維持する義務を負っています（職場環境配慮義務）。しかし、会社が自らの義務を怠っているにもかかわらず、被害を訴えた者を含めた当事者に責任を転嫁する懲戒解雇は、合理的な理由のない解雇として許されないと考えられます。

②　セクハラ被害の申告について会社が十分な対応をとっていた場合

セクハラの被害者に対する解雇が常に無効と評価されるわけではありません。たとえば、被害者がセクハラの被害を申告し、加害者の解雇を求めたのに対し、会社側がセクハラの事実を認めたものの、加害者を配置転換するに留めたケースで考えてみましょう。

セクハラの加害者に対する責任追及はすべきですが、さまざまな事情を考慮して、会社が解雇は適切でないと判断することも考えられます。被害者としては、セクハラに対する会社の対応が不適切であると感じるとしても、会社に反抗して重大な問題行動を起こした場合は、懲戒解雇も合理的な理由によるものとして有効になる余地があります。なお、被害者を解雇するときは、原則として解雇予告もしくは解雇予告手当の支払いをするなど、正当な手続きに従わなければなりません。

6 被害者への対応

どんなことに注意すべきか

ハラスメントは、主に被害者や第三者が相談することにより発覚します。その際に相談先となるのは、会社のハラスメント相談窓口の担当者や上司、外部の相談窓口などが多いといえます。外部の相談窓口として、厚生労働省委託事業として「ハラスメント悩み相談室」が設けられており、さまざまな公的機関が相談先となっています。ハラスメントの相談があれば、会社は迅速に解決に向けて対応をすることが求められます。

会社の担当者や上司などに相談があった場合、会社は、外部の相談窓口と連携することを検討するべきでしょう。会社内で解決することもありますが、とくに被害者と行為者は、会社内での解決について中立性に疑問を抱くことがあります。会社としてはハラスメントの問題が解決したと思っていても、当事者間では不満が残っていることがあります。そのため、外部の相談窓口と連携することも有効です。

外部の相談窓口は、中立性の確保に加えて、さまざまな事例に対応しており、豊富なノウハウをもっていることから、外部の相談窓口との連携は適切な解決に大きく役立ちます。

ハラスメントについて相談があり、ハラスメントの事実が発覚すると、会社は、相談者から事情を詳細に聴取する必要があります。とくに被害者が相談者である場合は、すでに精神的苦痛を大きく負っている可能性があるため、聴取方法は慎重に検討するべきでしょう。一方的に質問などをすると、さらに精神的苦痛を増加させることになりかねません。

事情聴取をする際には、相談者や当事者の権利、とくに個人情報やプライバシーを保護しなければなりません。たとえば、被害者がセク

● 被害者への対応

① **被害者の心身のケア**
相談を受けるときは被害者の心身の状況に注意する
産業医とも連携し、被害者の心身のケアを図る

② **証拠の収集**
被害者に被害の事実を記録させることも有効
関係者への事情聴取の際は、被害者のプライバシーに配慮する

③ **外部の相談窓口の活用**
社内の相談窓口よりも中立性が確保され、相談しやすくなる

④ **被害防止のための配置転換など**
事情調査によるハラスメントの認定前であっても、配置転換などにより、さらなる被害を防止すべき場合がある

⑤ **休職・復職**
精神疾患などにより休職が必要な場合もある
復職しやすい職場環境づくりが重要

ハラについて相談する場合、被害の程度によっては他人に話すだけでも勇気がいるような内容もあります。被害者などの個人情報やプライバシーが保護されず、相談した事実やその内容が他の労働者へと広まるようでは、安心して相談ができません。したがって、相談窓口の担当者に対しては、相談内容に関する秘密を保持することが必要です。個人情報やプライバシーの保護は、人が社会生活を送る上で重要であるため、これらを侵害しないようにしなければなりません。

その他、ハラスメントの行為者が被害者の上司の場合には、配置転換などの措置が必要になることもあります。被害者が担当者に相談しても、ハラスメントがすぐに認定できるわけではありません。同僚や行為者などからも事情を聴取し、ハラスメントがあったか否かを慎重に判断しなければなりません。そのため、ハラスメントの事実を認定し、行為者に対する懲戒処分などの措置をするまでには、一定の期間が必要です。それまで被害者がハラスメントを我慢し続けることが困難なことも考えられ、相談の過程で被害者と行為者の関係がさらに悪

化することも考えられます。そこで、配置転換などにより被害者の保護を図るべき場合もあります。

証拠をどのように収集・確保するか

ハラスメントについては、証拠の収集・確保が容易ではありません。行為者から暴行を受けて体にアザがあることや、監視カメラに行為の映像が記録されているなどの客観的証拠があれば、それらの証拠をもとにハラスメントの事実を認定することになります。

しかし、ハラスメント行為は、言葉でなされることや、他人が気づかない状況でなされることが多くあります。このように客観的証拠に乏しい状況では、当事者の事情聴取でしか事実の確認ができない可能性が高まります。

もっとも、被害者はハラスメントの事実があったと主張し、行為者はその事実を否定することが多く、当事者の事情聴取だけではハラスメントの認定が困難です。そこで、証拠の収集・確保の手段として、被害者に記録をとってもらうことが考えられます。たとえば、ハラスメントがあった日時、場所、被害の内容などを継続的にメモや日記に残すことで、それが有力な証拠になることがあります。メールや通話記録などがあれば、画面の撮影などによって保存しておきましょう。

被害の内容としては、録音機などを使用して会話を録音すると強力な証拠になります。密室でハラスメントがなされたとしても、それが録音・録画されていると、ハラスメントの内容が詳細に判明すると考えられます。その他、被害者以外からの証言が証拠となることもあります。たとえば、同じ職場でパワハラを受けている状況を見ている同僚がいると、その者の発言がパワハラの証拠となります。被害者が会社に相談をする前に、他の者へ相談をしていることがあります。その相談を受けた者に事情聴取することも証拠の収集・確保に有効な場合もあります。

被害者以外にも被害を受けた者がいる場合、その者の証言も証拠となることがあります。行為者は、同様の手口で、複数の者に対してハラスメントをすることがあります。たとえば、職場内で２人だけのときに体を触りながらホテルに誘うという同様の方法で、複数の者にセクハラをしていた者がいたとします。このように同様の被害を受けている者がいると、その者の発言が被害者の証言の信ぴょう性を高めます。また、同様の被害を受けている者がメモや録音などを残していると、そのメモや録音なども証拠となります。

休職や復職を支援することもある

ハラスメントの被害を受けると、多大な精神的苦痛を受けることがあります。相談時の段階で精神的に限界となっていることもあります。この場合は、医療機関に相談するようにするとよいでしょう。医療機関では、精神疾患の診断に基づいた治療などを受けることができます。また、診断書に休職の必要性について、医師の意見が付されることがあります。このような意見があったときは、就業規則などで規定する休職制度に基づいて、被害者を一定期間にわたり休職させるべきです。

休職をすることで心身ともに回復し、復職できるようになることもあります。会社にとって人材は大切な資産ですから、復職の可能性があるのであれば、それに向けた準備をするべきでしょう。このとき、被害者が問題なく復職できるように配慮しなければなりません。休職期間が経過しても復職できるまで回復しているかはわかりません。休職することで生活リズムが変わり、休職前の職場まで通勤することが困難になっていることも考えられます。そのため、すぐに通常勤務に戻すのではなく、通常勤務が可能な状態であるかなど、回復の度合いを確認しながら復職できるよう配慮する必要があります。また、再度のハラスメント被害が発生することがないように、必要な体制を整えるようにしましょう。

Q **SNSやネット上の掲示板などに、弊社の中でパワハラが横行しているなどの投稿をする労働者がいますが、会社としてはどのように対処すべきでしょうか。**

A 会社の信用を守るため、事実に反する投稿などには厳正に対処するとともに、投稿を契機としてパワハラが発覚した場合は、その対応も必要です。

労働者がSNSやネット掲示板などに投稿を行うこと自体は、会社や他の労働者などの第三者の利益を侵害しない限り、各労働者が自由に行うことができるのが原則です。

しかし、就業規則などで労働者の会社に対する秘密保持義務を定めておけば、その秘密保持義務に基づいて、一定の投稿を禁止することや、違反者の損害賠償責任を追及することが可能です。また、事実に反するパワハラなどを指摘する投稿の場合、名誉毀損による不法行為として、投稿した労働者に対して投稿の削除や損害賠償を請求できる場合があります。それらの請求の前提として、プロバイダ責任制限法に基づく発信者情報開示請求により、投稿者を特定することもできます。

他方、投稿を契機としてパワハラなどが発覚したときは、早急に事実調査などの対応が必要になります。

虚偽の投稿やパワハラを行った労働者に対しては、必要に応じて指導や懲戒処分を検討することになります。ネット上での労働者の投稿は、取引先や求職者などの目に触れて、取引活動や採用活動などに大きな影響を与える可能性があります。労働者の中には、軽い気持ちで投稿する者も存在する可能性がありますので、秘密保持義務を定めておくだけでなく、日頃から研修などにより注意喚起をすることが重要です。

Q **上司からパワハラを受けているという内容の匿名メールが相談部署にきた場合、どのように対処すべきでしょうか。発信者はわかっているものの、匿名にしてほしいと相談を受けた場合、どうしたらよいでしょうか。**

A メールの記載内容がパワハラの存在を疑わせる内容である場合には、事実の確認などの対応が必要になります。

会社のパワハラ対策として、労働者に広く相談窓口を開いておくことが重要であり、電話やメールなどによる相談を受け付けることで、労働者は、会社に対して、気軽にパワハラ被害について相談することが可能になります。

とくにメールによる相談の場合には、行為者からの報復を恐れて、会社に対して匿名による相談が寄せられることもあります。匿名による相談であっても、メールの記載内容において行為者を特定しており、詳細なパワハラの内容を記載している場合には、実際に会社内でパワハラが存在する可能性が高いといえます。そこで、会社側としては、匿名であることを理由に何ら対応をしないという姿勢は適切ではなく、パワハラの事実の確認などのために、行為者として記載されている者からの事情聴取などの対応をとるべきです。

もっとも、本ケースでは、メールの発信者が判明していますが、相談者が匿名を希望している以上、会社は、相談者に対して報復などのリスクを負わせるべきではありません。会社側としては、相談者に対して、相談者の匿名性を維持する代わりに、匿名の相談に対する調査などの対応には一定の限界があることを説明する必要があります。

Q **社内の不正について警察に内部告発した労働者について、どのように対応すべきでしょうか。公益通報者保護法による公益通報に該当するときは、内部告発を理由とする降格、減給、解雇などは無効になるのでしょうか。**

A 公益通報に該当する内部告発を理由とする降格、減給、解雇などは禁止され、これを行っても無効となります。

内部告発は、コンプライアンス意識を高めて、会社が不祥事を起こすケースを減らすとともに、不祥事を隠ぺいする行為をある程度抑止する効果が期待できるため、社会全体への貢献度が高い行為といえます。その一方で、労働者の内部告発は、秘密を外部に漏らす行為であり、企業秘密の漏えいにつながるおそれもあります。さらに、労働者が、意図的にまたは誤解により事実に反する内容の内部告発を行い、会社の社会的信用を失墜させる危険性があります。そこで、会社側が、不用意な内部告発を行った労働者に対して、解雇を言い渡したり、降格・減給などの懲戒処分をすることを検討する場合があります。

ただし、内部告発をした労働者への措置を検討する場合には、公益通報者保護法による公益通報に該当する内部告発などをした労働者に対して、会社が解雇やその他の不利益取扱い（降格・減給など）をすることを禁止した公益通報者保護法の規定に注意する必要があります。

会社としては、どのような内部告発が公益通報に該当するのかを理解しておく必要があります。公益通報者保護法の適用対象である「公益通報」とは、労働者が、不正に利益を得る目的や他人に損害を与える目的などの不正の目的によらず、その就業先の犯罪事実などの通報対象事実について、就業先や行政機関などに通報する行為です。そして、通報対象事実とは、一定の法律への違反を理由とする犯罪行為や

公益通報者保護法による公益通報

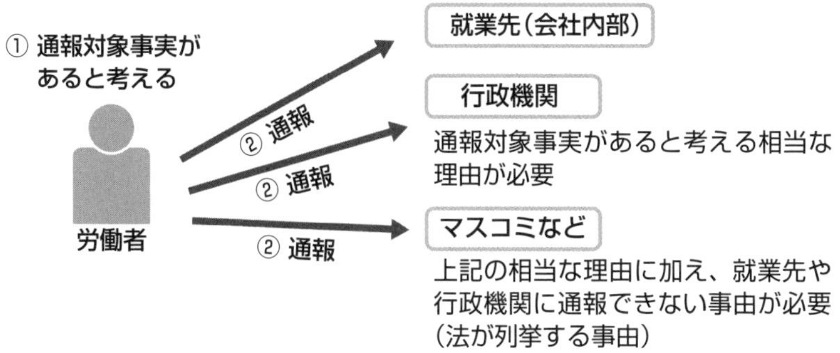

最終的に刑罰につながる行為です。ここでの「一定の法律」は、生命・身体の保護の分野では刑法・食品安全法、消費者保護の分野では金融商品取引法・特定商取引法、環境保全の分野では大気汚染防止法・廃棄物処理法、公正な競争の分野では独占禁止法・下請法、その他にも労働基準法・個人情報保護法など多岐にわたります。

また、公益通報者保護法は、公益通報にあたるか否かについて、通報先に応じて個別に要件を設けています。通報先が就業先の場合には、通報対象事実が発生すると考える場合に行う通報が公益通報に含まれます。これに対し、通報先が行政機関の場合には、通報対象事実が発生すると考えることについて相当の理由がある通報のみが公益通報に含まれます。さらに、通報先がマスコミなどの場合には、相当の理由に加えて、通報先や行政機関に通報すると解雇やその他の不利益取扱いを受けるおそれがある場合、就業先に通報すると証拠隠滅を行うおそれがある場合、就業先が労働者に通報を行わないように要求した場合などのうち、いずれかに該当することが必要です。

以上の要件を満たし、公益通報者保護法による公益通報に該当する内部告発をした労働者に対して、会社は、内部告発を理由とする解雇や不利益取扱いを行うことは許されません。

7 私傷病休職と休職

休職とは

ハラスメントを受けてメンタルヘルス不調に陥ると、長期にわたり療養が必要になる場合があります。その場合に会社が行う主な措置が**休職**です。休職とは、労働者が自らの都合で働くことができなくなった場合に、会社が労働の免除を行うことです。なお、メンタルヘルス不調がうつ病などの精神疾患である場合は、労災として取り扱われる余地があることに留意が必要です。

労働者と会社との間で結ばれる雇用契約（労働契約）は、労働者が労働力を提供するのに対し、会社が賃金を支払う関係です。そのため、労働者が労働力を提供できない状態になれば、会社としては、退職扱いもしくは解雇によって雇用契約を終了させることが可能になります。しかし、労働者の生活が不安定になるのを防ぐため、労働協約や就業規則などに休職に関する規定を設けておき、休職期間を経過するまでは労働契約を終了させずに雇用を継続するという措置をとっているのが一般的です。

休職に関しては、労働基準法などの法令で決まりがあるわけではありません。そのため、労働協約や就業規則などに定めておくのが一般的です。具体的な定めは会社によりさまざまですが、休職理由、休職期間、休職期間を満了した場合の取扱い、復職の取扱い、休職期間中の賃金の取扱いなどを定めておきます。

休職理由は、後述する私傷病を理由とするのが一般的です。他には、資格取得や留学などのための休職、労働者が議員になるなど公務に就任したことを理由とする休職、労働者が起訴されたことを理由とした休職などがあります。

● 休職とは

休職とは →	労働者が自らの都合で働くことができなくなった場合に、使用者が労働の免除を行うこと
労働協約や就業規則で規定する	（規定内容） 休職理由、休職期間、休職期間を満了した場合の取扱い、復職の取扱い、休職期間中の賃金の取扱い　など

私傷病休職の取得上の注意点

休職の中で最も多いケースが私傷病による休職です。私傷病による休職の場合には、健康保険から傷病手当金が支給されることになります。休職期間中に賃金が支払われない場合には、傷病手当金の調整はなく全額が支給されますが、休職期間中に賃金が支払われる場合には、支払われる賃金額によって傷病手当金の調整が行われます。

具体的には、支給開始日以前の12か月間の標準報酬月額の平均額を30で割った金額の３分の２が、１日当たりの傷病手当金の金額になります。私傷病休職中に傷病手当金以上の賃金が支払われた場合は、傷病手当金が不支給となり、傷病手当金よりも少ない金額の賃金であった場合は、差額が傷病手当金から支給されます。

資格取得や留学のような理由で休職を希望したときは、休職期間を明確に決めておくことができます。しかし、私傷病の場合は決まった期間までに完治するとは限りません。そのため、「完治するまでを休職期間とする」と定めるのではなく、休職期間として６か月や１年といった上限を定めているのが一般的です。この点から、会社としては、休職前には休職期間を記載した休職辞令を労働者に通知しておくべきです。口頭で済ませてしまったり、就業規則などに記載してあるから大丈夫だろうと考えていると、休職期間の経過後に不当に解雇されたなどのトラブルになる可能性があります。

休職期間中の賃金や社会保険の取扱い

休職期間中の賃金を支給するかどうかは、会社によってさまざまです。一般的にはノーワーク・ノーペイの原則から、賃金を不支給としている会社が多く、賃金を支給しているのは一部の大企業に限られているのが現状です。

社会保険については、会社が国に代わって保険料を労働者の賃金から天引きしているため、会社の判断で社会保険料を免除すると決めるわけではありません。したがって、休職中であっても、社会保険（健康保険や厚生年金など）の保険料を納付しなければなりません。そこで、賃金の支給がない場合は、社会保険料の労働者負担分については、銀行振込みをしてもらうか、現金で会社に持参してもらうといった方法で集金する必要があります。

休職する労働者が増えるということは、人件費である法定福利費（社会保険料などの費用）が発生する一方で、仕事は消化されていかないため、労働生産性が低い状態だといえます。

有給休暇の取扱い

休職期間中の有給休暇の取得は認められません。有給休暇は労働義務のある日について取得できるものであるため、すでに労働の免除として与えられている休職期間中に重ねて請求することはできません。これに対し、休職期間の前後であれば、有給休暇を取得することができます。たとえば、会社が労働者を休職させるための条件として、欠勤が１か月以上となった場合といった定めが就業規則などで設けられています。このような欠勤期間中に有給休暇を取得することは問題ありません。

また、有給休暇は継続勤務６か月によって付与され、その後は継続勤務１年ごとに付与されます。その条件として、各期間の全労働日の８割以上出勤することが必要です。したがって、就業規則などで私傷

● 休職と賃金・社会保険・有給休暇の取扱い ……………………

	賃　金	社会保険	有給休暇
基本的な考え方	会社独自で決めることができる ⇒不支給とすることが一般的	社会保険に加入している限り免除されない ⇒休職中の社会保険料を負担する	すでに労働の免除をしている休職期間中の有給休暇は請求できない
留意点	支給する場合は、傷病手当金との調整に注意する	賃金が支給されない場合、労働者が銀行振込などで会社に納付する必要がある	長期間の休職は、新たな有給休暇の付与条件を満たさない可能性がある

病による休職を出勤したとみなすような定めがない限り、休職期間は出勤したとは扱われないため、長期にわたり休職すると有給休暇が付与されない可能性があります。

休職期間満了時の注意点

私傷病によって休職すると、休職期間満了後も復職できない可能性があるため、休職期間満了後に休職理由が解消されない場合の取扱いを就業規則などに定めておく必要があります。

たとえば、就業規則に「休職期間満了までに復職できない場合は、自然退職とする」という定めを設けておくと、休職期間の満了後に復職できない場合は自然退職扱いとなり、雇用契約が終了します。このような規定を設けておらず、解雇として取り扱う場合は注意が必要です。解雇の場合は労働基準法が規定する解雇予告手当の支払いなどの手続を行う必要があるからです。

ただし、このような規定があっても、ハラスメントによる精神疾患で休職となった場合などは、休職満了後の自然退職や解雇が無効と判断される可能性があるため注意が必要です。

8 職場復帰支援

休職後の復帰支援はどのように行うのか

メンタルヘルス不調から回復して復職する場合には、骨折などが完治して復職する場合と比べて、必要とされる支援の量や質が異なります。メンタルヘルス不調の再発が考えられるため、職場の上司・同僚のサポートや仕事量の調整など、さまざまな支援が必要と考えられます。また、メンタルヘルス不調の回復状況や本人の調子など、個々に異なる要因があるため、復帰支援も労働者に合わせてさまざまな支援を組み合わせて提供します。

このような復帰支援の複雑さから、会社にとっては、「復帰支援として、いったい何をしてよいのかわからない」というのが現状ではないでしょうか。

そのため、厚生労働省が作成した「心の健康問題により休業した労働者の職場復帰支援の手引き」を参考に、休職後の職場復帰支援の流れを確認していきましょう。この手引きでは、職場復帰支援の流れを５つのステップに分け、それぞれのステップで会社が注意することなどがまとめられています。

第１ステップ　病気休業開始および休業中のケア

労働者が病気休業期間中に安心して療養に専念できるように必要な情報提供を行います。具体的には、傷病手当金の手続き、相談先の紹介などがあります。

第２ステップ　主治医による職場復帰可能の判断

職場復帰にあたっては、主治医の判断は最も大事といえるでしょう。しかし、主治医は、職場で必要とされる業務遂行能力の内容を、必ずしも把握しているとは限りません。そのため、主治医の意見と業務内

● 復職の手順

（第１ステップ）病気休業開始および休業中のケア

↓

（第２ステップ）主治医による職場復帰可能の判断

↓

（第３ステップ）職場復帰の可否の判断および職場復帰支援プランの作成

↓

（第４ステップ）最終的な職場復帰の決定

↓

（第５ステップ）職場復帰後のフォローアップ

容を産業医などが精査した上で対応を検討するなどの方法で、職場復帰の可能性を判断する必要があります。

第３ステップ　職場復帰の可否の判断および職場復帰支援プランの作成

ここが最も大事なステップになります。第２ステップで得た産業医や主治医からの意見の他に、労働者自身の職場復帰に対する意思、労働者の回復状況、職場側による支援準備状況など、職場復帰の可否を判断するために必要な情報を収集します。そして、適切な睡眠覚醒リズムが整っており決まった時間に継続就労が可能であるか、業務に必要な集中力や注意力があるかなどを評価します。これらの評価に基づき、職場復帰の可否について判断を行います。職場復帰が可能と判断した場合は、職場復帰日、業務内容や業務量の変更、段階的な就業上の配慮、異動の必要性、勤務制度変更の必要性などを検討します（職場復帰プランの作成）。

第４ステップ　最終的な職場復帰の決定

第３ステップを踏まえて、会社（事業者）によって最終的な職場復帰の決定を行います。その際、あわせて就業上の配慮の内容についても労働者に通知します。

第５ステップ　職場復帰後のフォローアップ

職場復帰後は、上司などが中心となって、精神疾患の再発がないか、勤務状況はどうか、業務遂行能力はどうかなどの評価を行い、必要があれば職場復帰プランの見直しを行っていきます。

職場復帰する場合に注意すべきこと

メンタルヘルス不調のうち、とくに精神疾患（メンタルヘルス疾患）の特性として、労働者自身に根性がない、やる気がないなどと誤解される傾向があることが言われています。精神疾患になると二度と元には戻らないという偏見もあります。これらの誤解や偏見に留意した上で、労働者の職場復帰の対応を行う必要があり、職場全体のサポートが求められます。職場復帰した労働者に関しては、精神疾患が再発することを最も避けなければなりません。その際の上司や同僚などの声かけにおいては、まずは相手がつらいと感じている症状やストレスの内容について聞くことから始めます。そして、同僚としてできる範囲で援助を行う気持ちがあることを伝えます。たとえば、「私に何かできることがあるか」などと声をかけることです。ストレスの原因が業務の質や量の負担もしくは職場の人間関係であった場合には、上司や産業医と相談し、部署や職場の異動を考える必要があります。

また、精神疾患を含めたメンタルヘルス不調は、職場でのストレス以外にも、家庭でのストレスが原因になっている場合があります。そのため、家族のサポートを得て、家庭生活でストレスを溜めないような配慮が必要です。たとえば、家事や洗濯などの負担を軽減し、リラックスをする時間を設けるよう配慮するなどの工夫が考えられます。

復職後の職場復帰プランの計画通りに出勤できない場合は、有給休暇の取得をどうするのか、欠勤した日は前の休職期間に含めるのかなどを、あらかじめ定めておくことが必要です。職場復帰プランでは、主に業務内容などの就業上の項目を検討しますが、処遇面について就

● 職場復帰の留意点 ………………………………………

再発防止について

・職場全体のサポート（声かけに気をつける、など）
・家族のサポート(家庭での家事負担を軽減する､など)

処遇面について

・復帰後の欠勤などの扱いについても事前に決めておく

業務について

・まずは元の職場への復帰が原則
・リハビリ勤務などで徐々に仕事に慣れてもらう

業規則などをもとに検討する必要があります。

復職後の業務について

復職後の業務については、「まずは元の職場への復帰」を原則とします。新しい職場環境への適応は、それ自体が相当の心理的負担を伴うからです。その一方で、休職の原因がその職場自体の人間関係や業務内容であった場合には、復職時点での人事異動も考慮して職場復帰プランを作成します。

リハビリ勤務について

職場復帰にあたり、一定期間、職場に顔を出したり、仕事を数時間試してみたりするなどの出勤をリハビリ勤務といいます。リハビリ出勤では、勤務日数や時間を減らし、徐々に仕事に慣らしていくために実施します。職場の上司などは、「安定して勤務できるかどうか」「業務を自らコントロールできるかどうか」「問題発生時に相談ができるかどうか」といった観点から労働者を評価し、徐々に本来の業務内容に戻していくことになるでしょう。

9 ハラスメント防止対策と規程の作成

ハラスメント防止体制構築に必要なこと

セクハラ、パワハラ、マタハラなどのハラスメントは、それらの行為についての当事者間の問題だけでなく、周辺の職場環境を害するという問題も生じさせることがあります。

たとえば、ハラスメントを受けた労働者が休職すると、その労働者の仕事を同僚がカバーしなければならない場合があります。その場合は、同僚の長時間労働を発生させる原因になり、生産性の低下、離職率の上昇につながります。また、上司からハラスメントを受けた労働者の行動が変わってしまい、「私は何を言っても叱られてしまう」と考え、周りとのコミュニケーションを積極的に取ろうとしなくなるかもしれません。しかし、仕事を進める上では仕事の報告・連絡・相談など、コミュニケーションが大切な要素のひとつとなるため、結果としてさらに職場での孤独感を強め精神的に追い詰めてしまうことにもなります。

ハラスメント防止の体制を構築する上では、ハラスメントの当事者間への対応だけでなく、組織的な対応も大切になってきます。前述の例でいえば、休職者の仕事量を調整するためには、組織的な人事配置の視点が必要になります。また、部署にとらわれない専用の相談窓口を設置するなど、部署内での孤独感を和らげる方法も組織的な対応のひとつです。

経営陣がメッセージを発することも重要

ハラスメント防止の体制を構築する上で最初に行うべきことは、会社としてハラスメントを職場からなくすというメッセージを示すこと

● 組織的なハラスメント防止対策の手順

会社の経営陣によるメッセージ

（内容）
・ハラスメント ＝ 重大な問題
・ハラスメントを許さない会社の姿勢
・労働者にしてほしいこと（研修などによるハラスメント知識の向上など）

研修などの実施

チェックリストを活用する

就業規則の整備

男女雇用機会均等法、労働施策総合推進法、育児・介護休業法などの法令を遵守する

ハラスメント防止規程の整備

「ハラスメントの定義」「具体的な禁止行為」「ハラスメントを行った場合の制裁（懲戒）」「相談や苦情の対応」「再発防止の措置」などを規定する

です。これは、会社経営を行う上での理念や方針を示し、社内に掲示することと同様です。会社の経営陣から「私たちはこういったことをめざしている」と明確に示すことで、労働者がそれに基づいた行動をとることが期待できます。たとえば、下記のようなメッセージを明確に示し、文書などで配布したり、社内に掲示したりして、自社の労働者への周知を行いましょう。

・ハラスメントは人権に関わる問題であり、従業員の尊厳を傷つけるばかりか、職場環境を悪化させるものです。
・当社ではハラスメントを決して許さず、見過ごすこともしません。すべての従業員が互いに尊重し合える、安全で快適な職場環境づくりに取り組んでいきます。
・経営陣としても、ハラスメントのない働きやすい職場づくりに努めます。従業員の皆さんも、実施する研修などでハラスメントの知識を学び、ハラスメントを発生させず、これを許さない職場づくりに心がけてください。

作成上のポイントは、ハラスメントが重大な問題であることを示すことです。加えて、ハラスメントを決して許さない会社の姿勢と、それを達成するためにしてほしいことを具体的に示し、意識をハラスメント防止につなげていくことが大切です。

ハラスメントのチェックリストを作成してみる

ハラスメント防止のために、具体的に労働者ができることとして、研修などを通じてハラスメントの知識を学ぶことは重要です。研修では、労働者の日頃の言動などを振り返ることができるチェックリストを作成し、自身のハラスメント傾向を知る時間を設けると効果的です。講師による一方的な講義では、ハラスメント行為を自分事として捉えることに限界があります。そのため、チェックリストでは、身近な事例などを示し、自分の言動にあてはめてもらうようにします。チェックリストに回答していくことで、日頃の言動がハラスメントに該当すると気づくこともあります。それぞれの事例についての考え方を知ることで、気を付けなければならない言動など、新たな気付きもあります。

チェックリストの具体的な内容は、次ページ図のとおりです。チェックリストの作成方法に関する法令はありませんので、会社の置かれている状況に合わせて実施するとよいでしょう。

たとえば、ハラスメント防止対策を始めた初期の頃は、管理職への教育が最も大切です。ハラスメントは上司から部下に対して行われる場合が多いからです。したがって、次ページの例のように管理職用のチェックリストを作成し、上司の言動を改めさせるきっかけに使用します。また、パワハラやセクハラごとにチェックリストを作成することも可能です。社内の環境や業務の性質などの現状を踏まえて実施すると効果的です。

どちらにしても、具体的な事例に基づいたチェックリストを作成することと、それらの事例でどこが問題になるかを解説することが重要

● ハラスメント防止チェックリスト（例）……………………

管理職用

管理職自身の言動を振り返り、ハラスメントの行為者となる可能性のある項目についてチェックしてみましょう。

1 納期に間に合わないとわかっている仕事を命じたことがある
2 部下を叱責したときに、感情的になることがある
3 特定の部下を過少に評価し、出席しても理解できないだろうと会議や打ち合わせに出席させないことがある
4 書類の修正を命じたときに、書類を机に投げつけたりすることがある
5 先に帰社しようとする部下に対して、「なぜ先に帰るのか」と疑問に思う
6 自分が間違っていたとしても、部下に対して謝ろうとしない
7 部下から意見を言われたりすると、口答えされたと思うことがある
8 やる気を引き出すために、「やる気がないなら会社を辞めろ」などと発言したことがある
9 仕事を円滑に進める上で、個人的な趣味や家庭環境などプライベートな詳細情報まで必要だと思う
10 部下である従業員は大人だから、上司からの飲み会の誘いに行きたくなければ、はっきり断ると思う

セクシュアルハラスメント用

次のようなセクハラとなる可能性のある項目についてチェックしてみましょう。

1 上司が部下に「いつ子供を産むのか」「いつ結婚するのか」と聞くのは雇用管理上のことを聞いているので問題ないと思う
2 慰労のため上司が異性の部下を２人きりで食事に誘うことは、問題ないと思う
3 飲み会では女性がお酌するのは当然だと思う
4 ○○ちゃんと下の名前で呼ぶことは、親しさの表現だと思う
5 男同士での性的な冗談は、職場の息抜きだと思う
6 契約社員である女性は勤続年数が短いため、重要な仕事は任せられないと思う
7 容姿などについて話題にすることがある

です。たとえば、「部下は大人だから、上司からの飲み会の誘いに行きたくなければ、はっきり断ると思う」というチェックリストの項目に対して、「部下と上司の関係には仕事を指示・指導する立場の差があるため、はっきり断れない可能性があります。はっきり断らないのは、承諾したことではないことを意識しましょう」などのように解説を加えておきます。そうすることで、日頃の言動に対する新たな気づきになります。

チェックリストは研修後、無記名でもかまわないので回収し、社内の実態把握に使用することもできます。

就業規則の整備なども必要になる

ハラスメント全般を禁止する法律はありませんが、個別の法律によって、主に会社（事業主）に対して、雇用管理上必要な措置を講じる義務（措置義務）を課する規定が設けられています。

たとえば、セクハラについては男女雇用機会均等法、パワハラについては労働施策総合推進法、妊娠・出産・育児休業・介護休業などに関するハラスメントについては男女雇用機会均等法や育児・介護休業法により、ハラスメント防止の措置義務が会社に対して課されています。

これらの法律を踏まえて就業規則には、ハラスメントの禁止を規定しておく必要があります。厚生労働省のモデル就業規則では、下記のように規定例を示しています。

第○条（パワーハラスメントの禁止）

職務上の地位や人間関係などの職場内の優越的な関係を背景とした、業務上必要かつ相当な範囲を超えた言動により、他の労働者の就業環境を害するようなことをしてはならない。

第○条（セクシュアルハラスメントの禁止）

性的言動により、他の労働者に不利益や不快感を与えたり、就業環境を害するようなことをしてはならない。

第○条（妊娠・出産・育児休業・介護休業等に関するハラスメントの禁止）

妊娠・出産等に関する言動及び妊娠・出産・育児・介護等に関する制度または措置の利用に関する言動により、他の労働者の就業環境を害するようなことをしてはならない。

第○条（その他あらゆるハラスメントの禁止）

第○条から前条までに規定するものの他、性的指向・性自認に関する言動によるものなど職場におけるあらゆるハラスメントにより、他の労働者の就業環境を害するようなことをしてはならない。

ハラスメント防止規程はなぜ作成する必要があるのか

就業規則でセクハラやパワハラなどの禁止を規定するだけでは不十分です。労働者が守るべき事項などハラスメント防止を行う具体的な事項については、就業規則とは別に、ハラスメント防止規程を作成するのが一般的です。前述のように、会社はハラスメント防止の措置義務を負っていますので、それらの措置についてもハラスメント防止規程（⇨ P.140）に定めておく必要があります。

必要な項目として、「ハラスメントの定義」「具体的な禁止行為」「ハラスメントを行った場合の制裁（懲戒）」「相談や苦情の対応」「再発防止の義務」などがあります。ハラスメント防止規程は、ハラスメントの種類ごとに規程を作成するのではなく、ハラスメント全体を包括した規程を作成することも可能です。

また、相談窓口の担当者を周知する必要もあります。ハラスメント防止規程では、相談窓口の担当者の決め方や周知方法などを規定しておき、担当者が人事異動により変更するたびに、規程で定めた方法によって周知するようにしておきます。

書式　ハラスメント防止規程

ハラスメント防止規程

第１条（目的）　この規程は、就業規則第○条に基づき、職場におけるパワーハラスメント、セクシュアルハラスメント及び妊娠・出産・育児・介護等に関するハラスメント（以下「職場におけるハラスメント」という）を防止するために必要な事項を定め、職場におけるハラスメントのない快適な職場環境を実現することを目的とする。

第２条（定義）　パワーハラスメントとは、優越的な関係を背景とした言動であって、業務上の必要かつ相当な範囲を超えたものにより、就業環境を害することをいう。ただし、客観的にみて、業務上必要かつ相当な範囲で行われる適正な業務指示や指導については、パワーハラスメントには該当しない。

２　セクシュアルハラスメントとは、職場における性的な言動に対する他の従業員の対応等により当該従業員の労働条件に関して不利益を与えることまたは性的な言動により他の従業員の就業環境を害することをいう。

３　妊娠・出産・育児・介護等に関するハラスメントとは、職場において、上司や同僚が、従業員の妊娠・出産育児・介護等に関する制度または措置の利用に関する言動により従業員の就業環境を害すること、または妊娠・出産等に関する言動により女性従業員の就業環境を害することをいう。ただし、業務分担や安全配慮等の観点から、客観的に見て、業務上の必要性に基づく言動によるものについては、妊娠・出産・育児・介護等に関するハラスメントには該当しない。

第３条（禁止行為）　従業員は他の従業員の意に反して、職場におけるハラスメントに該当する次の第２項から第４項に掲げる行為を行ってはならない。

2　パワーハラスメント

⑴　身体的攻撃（暴力行為を行うなどの行為等）

⑵　精神的攻撃（人格を著しく傷つける発言を繰り返し行うなどの行為等）

⑶　職場からの切り離し（一定の期間仕事を与えないまたは挨拶をしない、他の従業員と隔離する等の行為等）

⑷　過大な要求（実現不能な業務を行わせる行為等）

⑸　過少な要求（誰でも遂行可能な業務のみを行わせる行為等）

⑹　プライバシーの侵害（正当な理由なく、プライベートな事実を必要以上に聞く行為等）

3　セクシュアルハラスメント

⑴　性的および身体上の事柄に関する不必要な質問・発言

⑵　ヌードポスター、雑誌等の閲覧、掲示

⑶　性的なうわさの流布

⑷　不必要な身体への接触

⑸　交際・性的関係の強要

⑹　性的な言動への抗議または拒否等を行った従業員に対して、解雇、不当な人事考課、配置転換等の不利益を与える行為

⑺　その他、従業員に不快感を与える性的な言動

4　妊娠・出産・育児・介護等に関するハラスメント

⑴　妊娠・出産・育児・介護等に関する制度や措置の利用等に関し、解雇その他不利益な取扱いを示唆する言動、阻害する言動

⑵　妊娠・出産・育児・介護等に関する制度や措置を利用したことによる嫌がらせ等

⑶　妊娠・出産等したことにより、解雇その他の不利益な取扱いを示唆する言動、嫌がらせ等

第４条（相談および苦情処理の方法） 職場におけるハラスメントに関する相談および苦情処理を行う相談窓口を各事業場に設ける。当該相談窓口には、窓口担当者と責任者を置く。

２　相談窓口の責任者は所属長とする。

３　所属長は、窓口担当者を指名、変更した場合にはすぐに事業場内の従業員に周知するとともに、担当者に対して必要な研修を行うものとする。

４　職場におけるハラスメントを受けた従業員、または目撃した従業員は、相談窓口に口頭または書面で、職場におけるハラスメントに関する相談および苦情の申出を行うことができる。

５　相談および苦情の申出があった時は、窓口担当者は速やかに所属長へ報告する。報告に基づき、所属長は関係者から事情聴取を行う等、適切な事実調査によって、職場におけるハラスメントの事案を迅速に処理しなければならない。

第５条（守秘義務） 相談および苦情の対応に関わった者は、対応を通じて知り得た内容を、他に漏らしてはならない。

第６条（不利益な取扱いの禁止） 相談をしたことまたは事実関係の確認に協力したこと等を理由として不利益な取扱いをしてはならない。

第７条（再発防止） 所属長は、職場におけるハラスメントの事案が生じた時は、周知の再徹底および研修の実施、事案発生の原因の分析等、適切な再発防止策を講じなければならない。

第８条（懲戒処分） 職場におけるハラスメントに対しては、就業規則に定める懲戒処分がなされることがある。

（附則）

令和○年○月○日から施行する。

第6章

メンタルヘルスと安全衛生・社会保険・労働保険

1 健康診断

なぜ健康診断をするのか

健康診断は、労働者の健康の状態を把握するために行われます。最近では、働き方改革関連法に基づく一連の法改正により、労働者の健康状態を悪化させる原因のひとつとされている長時間労働の是正が行われています。健康状態が悪化する原因となる事柄を減らすことも事業主（会社）にとって重要な義務ですが、実際の健康状態を把握することも事業主の重要な義務とされています。

このように、事業主は労働者が安全で健康的に働けるように配慮する義務を負います（安全配慮義務）。一方、労働者は雇用契約で定められた労務の提供を行うために、健康な状態で仕事ができるようにしておく義務があります（自己保健義務）。事業主は安全配慮義務を負っていることから、就業規則に「労働者は健康診断を受けなければならない」などの規定を設けています。そのため、健康診断の受診を拒否することは雇用契約や就業規則への違反にあたる場合があります。

労使双方が安全配慮義務と自己保健義務を実行することで、健康的で働きやすい職場環境をつくることができます。

診断後にどんなことをするのか

一般健康診断は、受けるタイミングなどによって、「雇入れ時の健康診断」「定期健康診断」「特定業務従事者の健康診断」「海外派遣労働者の健康診断」「給食従業員の検便」に分けられます。一般健康診断の他には、有害な業務に就く場合の「特殊健康診断」もあります。

事業主は、労働者に健康診断を受診させた後３か月以内に、医師から意見聴取を行わなければなりません。健康診断の結果、就業場所の

● 健康診断の概要

健康診断 ⇒ 労働者の健康の状態を把握

（事業主）労働者が安全で健康的に働けるように配慮する義務（安全配慮義務）

（従業員）労務の提供を行うために、健康な状態で仕事ができるようにしておく義務（自己保健義務）

→ 双方が自らの義務を実行することで、健康で働きやすい職場環境をつくることができる

【一般健康診断の種類】

雇入れ時	特定業務従事者	給食従業員（検便）
定期	海外派遣労働者	

変更、作業の転換、夜勤回数の低減などが必要な場合、健康状態についての医師などの意見をもとに、事業主は必要な措置を行わなければなりません。労働者にとって、就業場所や作業が変わることは、日常生活の変化も余儀なくされることもあります。そのため、労働者と話し合いを行った上で決定するのがよいでしょう。

さらに、1か月あたりの時間外労働（休日労働を含む）が80時間を超え、疲労の蓄積が認められる労働者については、その労働者の申出があった場合に医師による面接指導を行う必要があります。具体的には、医師が問診その他の方法により心身の状況を把握し、これに応じて面接により必要な指導を行います。

結果を保存する必要がある

健康診断の結果は、個人ごとに健康診断個人票を作成し、保存する必要があります。個人票には、医師などの意見や面接指導の結果も記録します。また、常時50人以上の労働者が働く事業場では、定期健康診断を行うたびに、労働基準監督署へ定期健康診断結果報告書を提出しなければなりません。

2 ストレスチェック

どんな制度なのか

ストレスチェックは、労働者のメンタルヘルス不調を未然に防止するために行われます。業務の情報システム化により、職場では1人1台のパソコンが与えられ、業務の個業化が進んでいます。協力して業務を行うことが少なくなることで、労働者ひとりひとりがストレスをためやすい職場環境になってきたといえます。さらに、業務の個業化は、上司からのパワハラや職場の中でのセクハラなどに起因するメンタルヘルス不調に対して、周りの同僚なども気づきにくい職場環境になる可能性もあります。

また、仕事による強いストレスが原因で、うつ病などの精神疾患になり、労災認定を受けるケースも増加傾向にあります。

これらを未然に防ぐためには、労働者が自身のストレスの状況を把握し、早い段階から予防をしていく必要があります。そのために毎年1回実施するのがストレスチェックです。

どんな職場が対象なのか

ストレスチェックは、常時50人以上の労働者を使用する事業場に実施義務があります。ここでの労働者は、パートタイマーやアルバイトも含まれます。また、事業場とは、本社、支社、支店、工場など一定の場所にある集合体のことを指します。

たとえば、本社と支店が離れて存在している場合、両方ともに常時50人以上の労働者を使用するときは、両方でストレスチェックを行う必要があります。しかし、本社と支店の合計で労働者が常時50人以上であっても、両方とも常時50人未満の労働者を使用するにすぎ

● ストレスチェックの概要

目的	メンタルヘルス不調の未然防止
導入背景	・業務の個業化 →１人でストレスを抱えやすく、周りもストレスに気付きにくい ・精神疾患による労災認定の増加
対象事業場	常時 50 人以上の労働者を使用する事業場
対象労働者	①期間の定めのない雇用契約により使用される者、もしくは１年以上の雇用期間を定めて使用される者など ②週の所定労働時間が、通常の労働者の週の所定労働時間の４分の３以上である者

ないときは、両方でストレスチェックを実施する義務がありません。常時 50 人未満の労働者を使用する事業場では、ストレスチェックの実施が努力義務とされています。努力義務とは、法律に定められたことを実施するために努力することです。努力義務を怠ったときには、行政指導を受ける可能性はあるとしても、命令や罰則などの不利益は課されません。

ストレスチェックの対象となる労働者は「常時使用する労働者」であり、下記の要件をすべて満たす者です。

① 期間の定めのない労働契約により使用される者、１年以上の雇用期間を定めて使用される者、契約更新により１年以上使用されることが予定されている者、契約更新により１年以上引き続き使用されている者、のいずれかに該当する者

② 週の所定労働時間が、通常の労働者の週の所定労働時間の４分の３以上である者

ただし、②については、週の所定労働時間が、通常の労働者の週所定労働時間の２分の１以上である場合は、ストレスチェックを実施することが望ましいとされています。また、派遣労働者については、派遣元（派遣会社）がストレスチェックを実施する義務があるため、派遣先は実施する必要はありません。

実施の流れ

ストレスチェックは、医師や保健師などが中心となり実施します。会社は衛生委員会もしくは安全衛生委員会での審議や結果の分析を行い、より良い職場環境の形成を行います。ストレスチェックの実施は、下記のように行います。

① 衛生委員会・安全衛生委員会の調査審議

ストレスチェックを実施する前に、衛生委員会などで実施体制や実施方法を審議し、社内規程を定めます。ストレスチェックは毎年１回以上実施する必要があるため、前回のストレスチェックの実施方法の改善なども審議することができます。

② 労働者への説明・情報提供

ストレスチェックの内容、目的、社内規程を周知します。

③ ストレスチェックの実施

ストレスチェックを行う実施者は、医師、保健師などです。外部委託も可能です。ストレスチェックは、労働者のプライバシー侵害はもちろん、ストレスの状況による職場の異動や昇格などへの影響があってはいけません。事業場内でストレスチェックの実施事務従事者（実施者の補助をする人）を選定することができますが、人事権がない者を選定しなければなりません。ストレスチェックには、151 ページの図のような項目があります。

④ 結果を労働者に直接通知

ストレスチェックの結果によって人事異動や昇格などに影響が出ないようにするため、実施者は、労働者から事業者への結果の提供に関する同意（⑥）が得られるまで、事業者に結果を通知してはいけません。

⑤ （労働者）セルフケア

自身のストレスの状況を把握し、日常生活や仕事でストレスを軽減するように意識します。

⑥ （実施者）結果を事業者へ通知するかどうかの有無の確認

● ストレスチェックの流れ

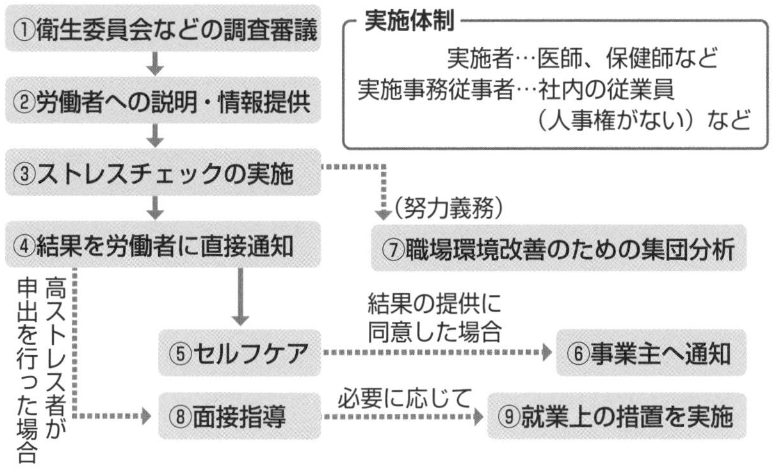

原則として、ストレスチェックの結果は事業者へ通知されませんが、事業者への結果の提供について労働者の同意があった場合は、実施者は結果を通知することができます。

⑦　職場環境改善のための集団分析（努力義務）

ストレスチェックの結果がわからない状況では、事業者が職場環境を改善することはできません。そのため、個人が特定されないように、実施者が部署単位などを単位として、ストレスチェックの結果の集計・分析を行うのが集団分析です。集団分析を踏まえて、事業者は、労働時間、作業方法、人間関係などの職場環境を改善し、労働者のストレス軽減に役立てることができます。

⑧　面接指導の実施（労働者からの申出があった場合）

実施者は、ストレスチェックの結果を労働者に通知すると同時に、面接指導を受けるかどうかを勧める必要があります。

面接指導の対象者は、ストレスチェックで高ストレス者と判定された者です。高ストレス者とは、ⓐ「心身のストレス反応」の点数が高い、ⓑ「心身のストレス反応」の点数が一定以上であって「仕事のストレス要因」「周囲のサポート」の点数が高い、のどちらかに該当する者です。つまり、ⓐの場合は、ストレスによる症状が出ている者、ⓑの場合は、現在はストレスによる症状が出ていないものの、今後、メンタルヘルス不調になるリスクが高い者だといえます。

これらの高ストレス者は、事業者へ申出をすることで、医師の面接指導を受けることができます。その後、事業者は、面接指導を実施した医師から、意見を聴取しなければなりません。

⑨　就業上の措置を実施

事業者は、上記で聴取した医師の意見をもとに、必要があれば、就業場所の変更、作業の転換、労働時間の短縮など就業上の措置を実施する必要があります。

報告などをする必要はあるのか

ストレスチェックの実施後は、労働基準監督署へ「心理的な負担の程度を把握するための検査結果等報告書」を提出する必要があります（常時50人以上の労働者を使用する事業場に限ります）。ストレスチェックを実施しない場合の罰則はありませんが、実施後の報告を怠った場合は50万円以下の罰金に処せられます。

もっとも、罰則がないからといってストレスチェックを実施しないと、安全配慮義務違反になる場合があります。事業者は、労働者が安全で健康的に働けるように配慮する義務（安全配慮義務）を負っています。そのため、ストレスチェックの未実施は、安全配慮義務を怠ったことになり、労働者がメンタルヘルス不調で休職などをした場合は、事業者に損害賠償のリスクが生じます。

どんな問題点があるのか

ストレスチェックが義務化されている事業場は限定されているため、小規模な事業場で使用される労働者は、ストレスの状況を把握する機

ストレスチェックの内容

仕事のストレス要因	**ストレスの原因に関する質問項目** 例）非常にたくさんの仕事をしなければならない 時間内に仕事が処理しきれない　など 17 項目
心身のストレス反応	**ストレスによる心身の自覚症状に関する質問項目** 例）活気がわいてくる、元気がいっぱいだ など　29 項目
周囲のサポート	**労働者に対する周囲のサポートに関する質問項目** 例）上司にどのくらい気軽に話ができますか あなたが困った時、上司はどのくらい頼りになりますか　など　9 項目
満足度	**仕事や家庭生活の満足度　2 項目**

※厚生労働省が使用することが望ましいとしている調査票です。簡易版（23 項目）や自社オリジナルの調査票で実施することも可能です。

会に乏しく、現行の制度では不十分と考えられています。事業場の大小に関係なく、ストレスはすべての労働者が抱えています。しかし、労働者が常時 50 人未満の事業場が努力義務となった背景には、産業医の選任基準が関係しています。産業医の選任基準は常時 50 人以上の労働者を使用する事業場と定められていますが、ストレスチェックは産業医を選任していないと実施が難しいと考えられているためです。

また、メンタルヘルス不調には、精神疾患の他、不安や悩みなどのさまざまな症状があり、対処の方法も多岐にわたります。心療内科や精神科など専門医であれば対処できることも、他の診療を専門とする医師にとっては対処が難しいと考えられています。

平成 27 年に義務化された時点で、事業場の産業医の中にはメンタルヘルスを専門外とする医師が多く、その産業医にストレスチェックの実施者になってもらうことが一般的でした。そのため、面接指導や職場環境の改善など、ストレスチェックの本来の目的を達成するには、不十分な対処しかできていないのが現状です。

3 メンタルヘルスと業務災害の関係

業務災害とは

平成 30 年度の「過労死等の労災補償状況」によると、精神障害の労災申請に対する決定の件数は、平成 26 年度の 1,307 件から平成 30 年度には 1,461 件となり、年々増加傾向にあります。しかし、そのうち労災認定（労災支給決定）の件数は、平成 26 年度は 497 件、平成 30 年度では 465 件となっており、精神障害が原因で労災認定を受けることは難しいというのが現状です。

業務災害とは、業務上での病気（疾病）、負傷、障害、死亡のことです。業務上の病気や負傷については、事業主（会社）が責任をもって治療費や休業時の賃金を補償する必要がありますが、小さい事業場においてそれらの負担は大きく、労働者への補償ができない可能性があります。そのため、労働者災害補償保険（労災保険）を国がつくり、制度を活用し、被災した労働者（被災労働者）やその遺族の保護を図っています。うつ病などの精神疾患の原因が、職場内でのパワハラやセクハラであった場合には、業務災害に該当し、労災保険が適用されます。

事業主にはどんな責任が発生するのか

業務災害に該当した場合、事業主は労働基準監督署へ届出を行う必要があります（労働者死傷病報告）。病院にかかった場合は療養補償給付が行われますが、通常は病院や薬局が治療費を国に請求するため、被災労働者が病院や薬局を経由して労働基準監督署へ請求書を提出します。また、労働者が休業した場合は休業補償給付が行われるため、被災労働者が休業した事実や賃金額などを記載した請求書を労働基準

● 精神疾患などによる業務災害 ……………………………

業務災害 … 業務上での病気、負傷、障害、死亡のこと

職場内でのパワハラやセクハラを受けた労働者が精神障害になる

↓

業務災害の可能性がある（労災認定率は約３割）

業務災害後の事業主の責任
- 労働者死傷病報告の届出
- 解雇の制限
- 休職中や復職時の支援

監督署へ提出します。

次に、被災労働者の解雇が制限されます。業務災害によって休業する期間とその後30日間は解雇ができません。これは労働者の職場復帰後の生活を補償するためです。ただし、被災労働者が療養を始めて３年を経過しても、病気や負傷が治癒しない場合には、平均賃金の1,200日分を支払う（打切補償）ことで解雇することができます。

さらに、精神疾患が原因で休業しているケースでは、職場復帰が難しい場合があります。そのため、休業中の間も連絡をとるなどの工夫や、復帰に向けてのリハビリ出勤（時短出勤、隔日出勤など）、就業場所の変更を検討する必要もあります。

メンタルヘルスの業務災害の認定基準

平成30年度の「過労死等の労災補償状況」によると、精神障害の労災認定率は約32%、長時間労働に起因する脳・心臓疾患の労災認定率は約35%となっています。

精神障害や脳・心臓疾患は、業務に起因すると認定する（業務上認定）ことができるかどうかの判定が難しいものです。労働者は業務以外にも、配偶者と離婚した、親族が死亡した、大きな借金を背負ったなど、日常生活での心理的負荷があります。また、アルコール依存や精神障害の既往歴、ストレスへの耐性など個人の状況によっても精神障害などに罹患する確率は変わります。

「業務による心理的負荷」「業務以外の心理的負荷」「個体側要因」が関係し合って、精神障害が発病しますが、労災認定を受けるためには、「業務による心理的負荷」が原因であることを判定されなければなりません。そのため、厚生労働省が公表する「心理的負荷による精神障害の認定基準について」においては、その要件を下記のように定めています。

① 認定基準の対象となる精神障害を発症していること
② 認定基準の対象となる精神障害の発症前おおむね６か月の間に業務による強い心理的負荷が認められること
③ 業務以外の心理的負荷や個体側要因により発症したとは認められないこと

①の「精神障害を発症していること」とは、国際疾病分類第10回修正版に記載されている精神障害でなければなりません。たとえば、統合失調症、気分障害、ストレス関連障害などが該当します。

②の「業務による強い心理的負荷」が認められるかどうかは、「心理的負荷による精神障害の認定基準」に具体的な出来事が例として挙げられています。それぞれの出来事にあてはめた結果、心理的負荷の総合評価が「強」と判定された場合に「業務による強い心理的負荷」が認められます。たとえば、本人の意思を抑圧して行われたわいせつ行為などの特別な出来事があった場合は、心理的負荷の総合評価は「強」と判断されます。また、同僚などの複数人が結託して人格や人間性を否定するような言動が執拗に行われた場合（特別な出来事以外）にも、心理的負荷の総合評価は「強」と判断されます。

身体接触のない性的な発言のみのセクハラの場合（特別な出来事以

● 業務による強い心理的負荷の基準

※「心理的負荷による精神障害の認定基準」記載の具体例の一部抜粋

強	中	弱
・本人の意思を抑圧して行われたわいせつ行為などの特別な出来事があった ・同僚などの複数人が結託して人格や人間性を否定するような言動が執拗に行われた	・身体接触のない性的な発言のみのセクシャルハラスメントがあった ・部下に対する上司の言動が業務指導の範囲を超えていた（継続していたとはいえない）	・職場内に水着姿の女性のポスターが掲示されていた ・複数の同僚などの発言により不快感を覚えた

↓（強）業務による強い心理的負荷が認められる

↓（中・弱）原則として業務による強い心理的負荷は認められないが、複数事案を総合評価して認められる場合がある

外）は、心理的負荷の強度は「中」と判断されますが、それ以外にも心理的負荷の強度が「中」や「弱」に該当する事案があった場合には、全体の評価を行い、心理的負荷の総合評価を「強」と判断する場合もあります。なお、セクハラやいじめが6か月より前に開始され、6か月以内の期間にも継続する場合には、開始時からのすべての行為を評価の対象に含めることがあります。

③の「業務以外の心理的負荷や個体側要因」についても、慎重に検討が行われます。業務以外の心理的負荷については、負荷評価表を用いて、たとえば、離婚や別居があった場合は心理的負荷の強度を「Ⅲ」（心理的負荷が強い順に「Ⅲ→Ⅱ→Ⅰ」と評価します）と評価するなどして、「Ⅲ」に該当する出来事が複数ある場合には、それが発症の原因であるか慎重に検討されます。個体側要因についても、精神障害の既往歴、アルコール依存状況などがある場合には、それが発症の原因であるか慎重に検討されます。

4 労災申請の手続き

どのように請求するのか

業務上での病気や負傷などによって、治療費が発生したり、休職することを余儀なくされたりした場合には、労働者災害補償保険（労災保険）から給付が行われます。

労災の保険給付に関しては、次ページの図のような種類があります。保険給付は、被災した労働者（死亡の場合は遺族）の請求に基づいて支給するのが原則であるため、労働者は、各給付の請求書を労働基準監督署に提出する必要があります。ただし、療養補償給付の請求書は受診した労災指定病院に提出します。また、傷病補償年金は労働基準監督署が職権で支給を決定します。

保険給付の請求書は、原則として労働者が自ら提出するものですが、事業主（会社）は提出のためのサポートをする必要があります。労働者が自ら提出するのが難しい場合は、事業主が労働者の代わりに労働基準監督署へ請求書を提出してもかまいません。

事業主（会社）はどのように対応すべきか

事業主は、労働者が労災保険の給付を請求する際に、災害の原因や発生状況を証明しなければなりません。具体的には、請求書の事業主の証明欄への署名押印を行わなければならず、これを事業主証明といいます。しかし、精神疾患などが原因で労災保険の給付申請が行われる場合には、事業主証明をすることに躊躇《ちゅうちょ》するのではないでしょうか。精神疾患（精神障害）と業務との因果関係は一見すると明確でなく、精神疾患が事業主の業務に起因することを認めるような署名押印をするのは難しいといえます。

● 労災の保険給付

保険給付の種類		保険給付の内容
①	療養補償給付	治療や薬剤などの支給（現物給付）が原則
②	休業補償給付	休業する場合の生活費を補償するために支給
③	傷病補償年金	１年６か月経過後に支給され、生活費を補償
④	介護補償給付	介護が必要になった場合の費用を支給
⑤	障害補償給付	障害が残った場合に支給
⑥	遺族補償給付	死亡した場合に遺族へ支給
⑦	葬祭料	葬祭の費用を支給

※②、③、⑤が同時に給付されることはない。

しかし、事業主証明がなくても、労働者自身で申請を行うことは可能です。そもそも、労災認定において、申請者は労働者であり、労災認定をするか否かを決定するのは労働基準監督署です。事業主証明をしないからといって、労災認定がされないわけではありません。なお、労働基準監督署は、職権によって労災認定にあたっての調査協力を事業主に命じることができます。

前述したように、事業主は、事業主証明を行わなければならないのが原則です。事業主証明ができない場合、事業主は「証明拒否理由書」を作成する必要があります。請求書の事業主証明の欄は空白のままにし、事業主が署名押印しない理由を証明拒否理由書に記載します。記載内容は、災害の内容が事業主との業務と関係がないという事実を記載することになります。理由書のあて先は労働基準監督署です。この理由書をもとに労働基準監督署の調査が行われます。

この場合でも、労災保険の給付申請の手続きを労働者任せにするのではなく、必要な書類の提出には協力するようにしましょう。また、労働基準監督署の調査にも誠実に対応することが求められます。不誠実な対応は「労災隠し」をしていると捉えられる可能性があるからです。

5 療養補償給付・障害補償給付

療養補償給付とは

業務災害による負傷や病気によって療養が必要になった場合、療養補償給付が行われます。療養補償給付により、被災した労働者は無料で治療や薬剤の支給などを受けることができます。療養補償給付の対象となるのは、治療費、入院料、移送費などです。

職場において、パワハラやセクハラが継続している、厳しいノルマが課されて長時間労働が継続している、などの理由で精神疾患（精神障害）になった場合は、労災認定がなされて療養補償給付から治療や薬剤の支給などが行われる可能性があります。

また、療養補償給付は、負傷や病気が治癒するまで給付を受けることができます。「治《ち》癒《ゆ》する」とは、一般的には心身の状態が完全に回復した状態のことをいいますが、労災保険においては、医療を行っても医療効果が期待できなくなった状態（症状固定）を指します。そのため、治癒して一定の障害などが残った場合には、その時点で療養補償給付の支給が終了します。

療養補償給付は、労災保険の指定医療機関で治療や薬剤の支給などを受けたかどうかによって、請求手続きが異なります。指定医療機関で治療や薬剤の支給などを受けた場合には、指定医療機関を経由して労働基準監督署へ費用が請求されるため、労働者は病院や薬局で費用を支払う必要がありません（現物支給）。

一方で、指定医療機関以外で治療や薬剤の支給などを受けた場合には、労働者自身が労働基準監督署へ費用の請求を行います。この場合は、労働者は費用を病院や薬局へ支払い、後から請求することで費用が返還されるという流れになります（現金支給）。

● 療養補償給付・障害補償給付の支給要件など ………………

治癒前

療養補償給付
- 業務災害による負傷や病気によって療養が必要になった場合
- 無料で治療などを受ける（現物給付が原則）

治癒後

障害補償給付
- 業務災害による負傷や病気が治癒し、一定の障害が残った場合
- 障害等級により、第１級～第７級は障害補償年金（給付基礎日額の 313 ～ 131 日分）
第８級～第 14 級は障害補償一時金（給付基礎日額の 303 ～ 56 日分）

※治癒とは、医療を行っても、医療効果が期待できなくなった状態（症状固定）

障害補償給付とは

業務災害による負傷や病気が治癒し、一定の障害が残った場合、障害補償給付が支給されます。「治癒する」とは、療養補償給付の場合と同様に、症状固定のことを指します。そのため、うつ病や適応障害などの精神疾患で労災認定を受けた後、症状固定になった場合で、一定の障害等級に該当すると障害補償給付が支給される可能性があります。なお、障害補償給付は、労働者が労働基準監督署へ請求することで支給されます。

障害等級は「労働者災害補償保険法施行規則別表第一」に規定されており、症状の重い順に第１級から第 14 級まであります。第１級～第７級に該当する場合は、障害補償年金として毎年支給されます。第８級～第 14 級に該当する場合は、障害補償一時金として支給されます。もっとも、うつ病や適応障害などの精神疾患は、時期によって症状が回復したり、悪化したりするため、症状固定になったと判断しにくいと考えられます。実際に障害補償給付を請求する場合には、主治医などと相談した上で行うほうがよいでしょう。

6 休業補償給付・傷病補償年金

休業補償給付とは

業務災害により負傷したり、病気になったりすると、会社を休業せざるを得ないことがあります。その休業時の給与を補填し、労働者の生活を補償するために**休業補償給付**が支給されます。被災した労働者は、療養補償給付と休業補償給付の支給を受けながら、負傷や病気の治癒をめざすことになります。

休業補償給付は休業1日あたり給付基礎日額の60％が支給されます。これに加えて、給付基礎日額の20％が特別支給金として支給されます。**給付基礎日額**とは、労働基準法の平均賃金に相当する額で、業務災害発生日以前3か月間に支払われた賃金をその3か月間の総日数（暦日数）で割った金額です。さらに、物価の変動や年齢に応じて最低補償額などが加味されます。

休業補償給付の支給期間は、休業日の4日目から支給されます。最初の3日間（待期期間）は、事業主（会社）自身が平均賃金の60％以上の賃金を補償しなければなりません。この待期期間は3日間連続している必要はなく、通算でかまいません。

休業補償給付は、労働者が療養のために休業している間は支給されます。うつ病などの精神疾患の場合には、治療が長引くケースが多く、労災認定がなされると安心して長期休業することが可能です。休業補償給付の請求は、労働者が労働基準監督署に請求書を提出します。事業主証明の欄もあるため、会社の総務担当者などが労働者の代わりに提出することもできます。

● 休業補償給付と傷病補償年金の関係

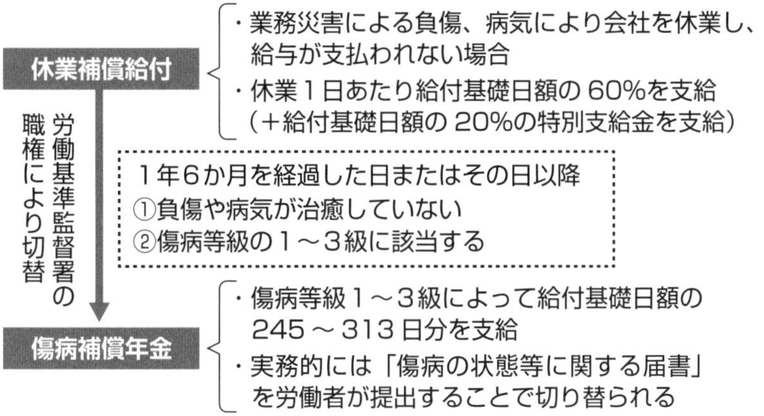

傷病補償年金とは

休業補償給付は、請求を行うごとに支給決定され、労働者へ直接振り込まれます。一般的には１か月ごとに請求しますが、精神疾患のように長期療養が必要になると、請求の手続きを繰り返すことは、労働者や労働基準監督署にとって事務が煩雑になり大変です。

そこで、療養開始後１年６か月を経過し、負傷や病気が治癒しておらず、かつ、傷病等級の第１級～第３級に該当するという要件を満たす場合には、労働基準監督署が職権で**傷病補償年金**を支給します。実務的には労働者が「傷病の状態等に関する届書」を提出し、上記の要件を満たす場合は傷病補償年金が支給され、満たさない場合は引き続き休業補償給付が支給されます。そのため、休業補償給付と傷病補償年金が同時に支給されることはありません。１年６か月を経過した時点では要件を満たさなくても、その後に要件を満たした場合は同様の手続きが行われます。

傷病補償年金の支給額は、傷病等級第１級～第３級によって給付基礎日額の 245 ～ 313 日分です。

7 健康保険

健康保険をどのように活用すべきか

ハラスメントなどによって業務災害が発生した場合には、労災保険から給付を受けることができます。しかし、労災認定においては「業務による強い心理的負荷が認められるかどうか」などが慎重に検討されるため、労災認定までに長い期間を要する可能性があります。とくに精神疾患の労災認定率は約３割にとどまっており、労災保険を利用することができないケースもあります。

そのようなケースで利用するのが**健康保険**です。健康保険は、業務外の病気や負傷があった場合に利用することができます。診察などの治療費の他、休業した場合にも給与の３分の２程度の金額が支給される制度（傷病手当金）もあります。

また、労災認定されるまでの間、治療や休業などで生活が困窮する場合には、労災保険の申請と並行して、いったん健康保険を利用しておくことができます。ただし、労災認定された時点で、保険の切替手続きを行う必要があります。また、運営主体である保険者の考え方もあるため、事前に請求方法を確認しておく必要があります。

日本ではすべての人が何かしらの健康保険に加入しています。運営主体（保険者）によって、全国健康保険協会（協会けんぽ）、大企業などが単独あるいは共同して設立した健康保険組合（健保）、市町村が運営する国民健康保険などがあります。ハラスメントは職場で起きるのが一般的ですので、会社員が加入する全国健康保険協会や健康保険組合が保険者となるケースも多いようです。

また、健康保険も保険の一種なので、加入者である被保険者は保険料を支払い、病院での治療など（保険事由）があった場合に、治療費

● 健康保険と労災保険の利用フロー

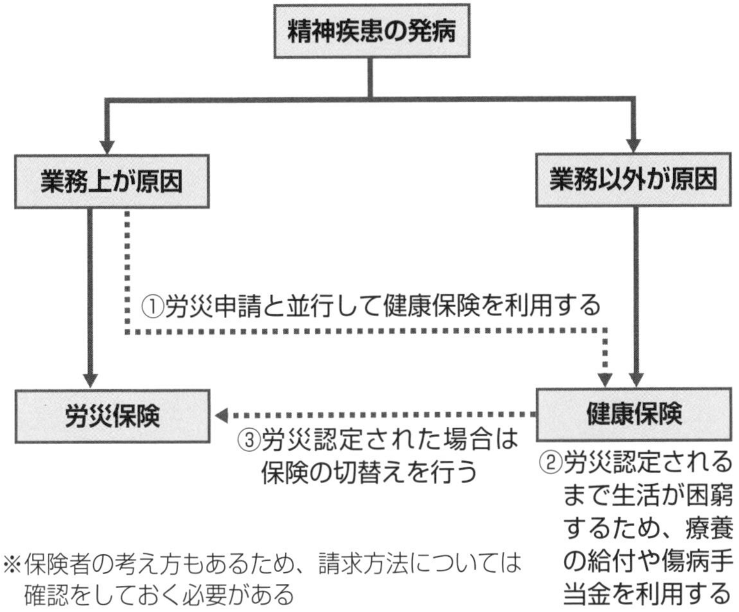

など（保険給付）を受けることができます。

どんな給付を受けることができるのか

健康保険の保険給付は、業務外の病気や負傷について治療を受けた場合の療養の給付が中心です。療養の給付の範囲は、診察、検査、投薬、処置、手術、入院時の食事・生活療養、訪問看護などです。その他にも、休業中の生活費として傷病手当金、出産時には出産育児一時金や出産手当金、死亡時には埋葬料が支給されます。労災保険との違いとして、健康保険の療養の給付には自己負担がありますが、自己負担が高額になった場合は、所得に応じて払戻しの請求ができます。これを高額療養費といいます。

ハラスメントなどによって精神疾患となった場合に支給される主な給付としては、療養の給付、傷病手当金（⇨ P.164）が挙げられます。

8 傷病手当金

傷病手当金とは

傷病手当金は健康保険から支給されます。ハラスメント被害を受けた者が会社員の場合には、加入している全国健康保険協会や健康保険組合に対して傷病手当金の請求を行います。

傷病手当金は、業務外の原因で負傷や病気になり療養が必要で、就業できない間の給与が支払われない場合に、給与の補填として支給されます。労災保険の休業補償給付に相当しますが、休業補償給付は業務上の原因によるものであって、この点で違いがあります。

うつ病などの精神疾患を患った場合には、業務上であることを証明することが難しいため、いったん傷病手当金を受け取りながら、労災申請も並行して行うのが一般的です。ただし、加入する全国健康保険協会や健康保険組合においては、これらの取扱いが異なる場合があるため、事前に確認することが求められます。

傷病手当金は、標準報酬日額の３分の２に相当する額が支給されます。標準報酬日額とは、過去１年間の各月の標準報酬月額（支給された報酬の額を一定金額に区分した報酬月額表にあてはめて決定される金額）を平均した額を 30 で割った額です。

支給期間は、連続した３日間の待期期間が終わった４日目から１年６か月の間支給されます。労災保険の休業補償給付と異なり、ⓐ３日間の待期期間は連続していなければならないこと、ⓑ支給期間が１年６か月と制限があること、に注意が必要です。そして、傷病手当金の支給を受けている１年６か月の間に、一定期間出勤した場合（傷病手当金を受けない期間）があっても、その期間は１年６か月に含まれます。そのため、精神疾患のように症状の回復や悪化を繰り返し、そのたび

● 傷病手当金の支給期間

1年6か月

待期期間	傷病手当金の支給
↓	一定期間出勤した場合（傷病手当金を受けない期間）があっても、その期間は1年6か月に含まれる

待期期間の考え方

良い例）

▼災害発生日　　　▼この日から手当金支給

出勤	欠勤	欠勤	欠勤	欠勤	出勤	欠勤
出勤	有給	出勤	有給	欠勤	公休	欠勤

▲この日から手当金支給

⇒連続した３日間の待期期間がある
（欠勤、公休、有給休暇は問わない）

悪い例）

▼災害発生日

出勤	欠勤	欠勤	出勤	欠勤	出勤	欠勤
出勤	有休	出勤	欠勤	有給	出勤	欠勤

⇒連続した３日間の待期期間がない

※就業時間中に治療を受けた場合はその日が起算日となる。
就業時間外に治療を受けた場合はその翌日が起算日となる。上記は後者の場合の例。

に休職や復職を繰り返していた場合であっても、支給開始日から１年６か月を経過すると、傷病手当金が打ち切りとなることに注意が必要です。

手続きについて

傷病手当金を請求するには「傷病手当金支給申請書」を加入する全国健康保険協会や健康保険組合に提出します。申請書には、療養のために労務不能である証明を医師からもらう必要があります。また、申請をする労働者が休んでいる期間について報酬を支払ったかどうか事業主も証明を行います。事業主が報酬を支払っていた場合には、傷病手当金の金額が調整される場合があります。

傷病手当金は、支給期間中に退職しても、支給開始日から１年６か月間は支給されます。退職した場合には、報酬の支払いを受けることはないため、事業主の証明は必要ありません。

Q **メンタルヘルス不調（メンタル不調）により傷病手当金の給付を受けて休職している労働者が、休職は上司のパワハラが原因だと言ってきました。パワハラが事実だとすれば、どのように対処すべきなのでしょうか。**

A 引き続き傷病手当金の受給手続きを行い、パワハラの有無について事実確認を行いましょう。

仕事を休職している間は、健康保険の傷病手当金と労働者災害補償保険（労災保険）の休業補償給付のどちらかから生活費の補償として給付を受けることができます。質問のケースでは、すでに健康保険から傷病手当金を受けています。また、労働者は上司からのパワハラが原因だとして、労災保険の休業補償給付の請求を行いたいようです。まず、それぞれの保険給付の特徴を説明します。

① **傷病手当金**

健康保険から給付され、業務外の病気や負傷により就業できない場合（労務不能）に受給することができます。

② **休業補償給付**

労災保険から給付され、業務上の病気や負傷により就業できない場合に受給することができます。

最も重要なことは、メンタル不調の原因が業務外であるか、業務上であるか、ということです。質問のケースでは、労働者はメンタル不調の原因が業務上によるものだと主張しています。しかし、メンタル不調などの精神疾患は、就業時間中にケガをした場合と異なり、就業時間中のパワハラが原因であるかどうかわかりにくいという特徴があります。そのため、労働基準監督署は、「心理的負荷による精神障害の認定基準（⇨ P.154）」により判断することになります。

傷病手当金と休業補償給付

傷病手当金（健康保険）	休業補償給付（労災保険）
どちらも生活費の補償を行う	
・メンタル不調の原因が業務外 ・医師が労務不能であると証明することで受給が可能 ⇒比較的認定されやすい	・メンタル不調の原因が業務上 ・労働基準監督署が認定基準に該当するかどうか調査する ⇒受給まで時間がかかる上に、認定されにくい

認定基準では、原則として、発病の前おおむね6か月の間に業務による強い心理的負荷が認められることを必要としています。ただし、パワハラなどが繰り返されている場合には、発病の6か月よりも前に開始され、6か月以内の期間にも継続しているときは、それが開始された時点からの心理的負荷を評価することに注意が必要です。

労災保険から休業補償給付を受給するには、前述したような認定基準にあてはまるかどうかの労働基準監督署による調査が行われます。そのため、労災認定がされるまで半年から1年ほど時間がかかります。

質問のケースでは、すでに傷病手当金を受けているので、生活費を補うため、引き続き傷病手当金の申請を行い受給を促すほうがよいでしょう。傷病手当金の申請は、労働者の経済的事情によりますが1～3か月に1回程度は申請を行うようにし、その間の勤務状況や賃金の支払状況を証明します。それと並行して、パワハラの事実関係を調査し、労働者が行う休業補償給付の支給申請（労災申請）の災害発生状況などに事業主の証明を行います。労災であるか否かは労働基準監督署が判断しますから、調査には積極的に協力し、事実でないことは事実でないと伝えることが大切です。最終的に、労災認定がされれば、傷病手当金から休業補償給付への切替えを行います。

Q

直属の上司のパワハラを理由に退職したいと申し出た労働者がいます。退職願にも上司の理不尽な行為を理由に退職したいと明記されています。労働者の申出のとおりパワハラを理由に退職扱いとした場合、何か影響があるのでしょうか。また、そのような申出にどのように対処したらよいでしょうか。

A

労働者からの退職願を受理するのではなく、パワハラの有無について事実関係を調査する必要があります。

労働者が退職後に雇用保険の基本手当（失業手当）を受給する場合には、退職理由によって、基本手当の支給を受ける日数などが異なります。そのため、質問のケースでは、一身上の都合による自己都合退職とするのか、パワハラによる会社都合退職にするのかによって雇用保険の基本手当受給に影響が生じます。具体的には、上司、同僚などからの故意の排斥や著しい冷遇あるいは嫌がらせを受けたことによって離職した者は、会社都合退職に該当し、雇用保険における特定受給資格者として基本手当を受給することができます。本ケースの場合、パワハラが事実であれば、会社都合退職として特定受給資格者に該当する可能性があります。ただし、管理者が行った部下に対する職務上の失態に対する注意や叱責は、通常の指導の範囲内であればパワハラに該当しないと考えられています。

特定受給資格者は一般受給資格者と異なり、３か月間の給付制限がなく、離職した後（待機期間の７日間の満了後）から基本手当を受給することができます。また、基本手当の支給を受ける日数が多くなる可能性があります。したがって、特定受給資格者の方が手厚い給付を受けることができ、労働者にとってはメリットが大きいといえます。

雇用保険における自己都合退職と会社都合退職の違い

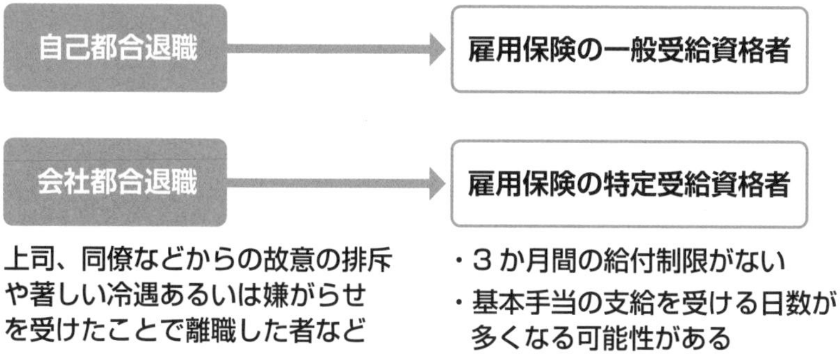

そのため、労働者としては、退職願に「一身上の都合で退職」と記載するよりも、パワハラによる退職であることを記載し、会社都合であることで提出したいと考えます。

会社側の対処方法としては、労働者自らが退職の申込みの意思表示をして退職願を提出しているため、一身上の都合での退職など自己都合退職として処理することも可能です。しかし、労働者がハローワークで退職理由が上司のパワハラであったと主張すれば、退職願に「一身上の都合で退職」と記載されていても、ハローワークの職員から事実確認が行われます。そのため、会社としては、労働者からパワハラについての事実関係を確認する必要があります。たとえば、上司からの叱責を録音したボイスレコーダーやパワハラがあったことを記した日記などは、パワハラの事実があったと認める重要な証拠となるはずです。

そういった事実を確認できないのであれば、一身上の都合での退職など自己都合退職として処理するのがよいでしょう。しかし、パワハラが事実であれば、会社都合退職として処理することになります。いずれにしても、パワハラなどのハラスメントを起こさないような体制を構築する必要があるといえます。

資料１　パワハラ防止指針

事業主が職場における優越的な関係を背景とした言動に起因する問題に関して雇用管理上講ずべき措置等についての指針

（令和２年厚生労働省告示第５号）

１　はじめに

この指針は、労働施策の総合的な推進並びに労働者の雇用の安定及び職業生活の充実等に関する法律（昭和41年法律第132号。以下「法」という。）第30条の２第１項及び第２項に規定する事業主が職場において行われる優越的な関係を背景とした言動であって、業務上必要かつ相当な範囲を超えたものにより、その雇用する労働者の就業環境が害されること（以下「職場におけるパワーハラスメント」という。）のないよう雇用管理上講ずべき措置等について、同条第３項の規定に基づき事業主が適切かつ有効な実施を図るために必要な事項について定めたものである。

２　職場におけるパワーハラスメントの内容

(1)　職場におけるパワーハラスメントは、職場において行われる①優越的な関係を背景とした言動であって、②業務上必要かつ相当な範囲を超えたものにより、③労働者の就業環境が害されるものであり、①から③までの要素を全て満たすものをいう。

なお、客観的にみて、業務上必要かつ相当な範囲で行われる適正な業務指示や指導については、職場におけるパワーハラスメントには該当しない。

(2)「職場」とは、事業主が雇用する労働者が業務を遂行する場所を指し、当該労働者が通常就業している場所以外の場所であっても、当該労働者が業務を遂行する場所については、「職場」に含まれる。

(3)「労働者」とは、いわゆる正規雇用労働者のみならず、パートタイム労働者、契約社員等いわゆる非正規雇用労働者を含む事業主が雇用する労働者の全てをいう。

また、派遣労働者については、派遣元事業主のみならず、労働者派遣の役務の提供を受ける者についても、労働者派遣事業の適正な運営の確保及び派遣労働者の保護等に関する法律（昭和60年法律第88号）第47条の４の規定により、その指揮命令の下に労働させる派遣労働者を雇用する事業主とみなされ、法第30条の２第１項及び第30条の３第２項の規定が適用されることから、労働者派遣の役務の提供を受ける者は、派遣労働者についてもその雇用する労働者と同様に、３(1)の配慮及び４の措置を講ずることが必要である。なお、法第30条の２第２項、第30条の５第２項及び第30条の６第２項の労働者に対する不利益な取扱いの禁止については、派遣労働者も対象に含まれるものであり、派遣元事業主のみならず、労働者派遣の役務の提供を受ける者もまた、当該者に派遣労働者が職場におけるパワーハラスメントの相談を行ったこと等を理由として、当該派遣労働者に係る労働者派遣の役務の提供を拒む等、当該派遣労働者に対する不利益な取扱いを行ってはならない。

⑷「優越的な関係を背景とした」言動とは、当該事業主の業務を遂行するに当たって、当該言動を受ける労働者が当該言動の行為者とされる者（以下「行為者」という。）に対して抵抗又は拒絶することができない蓋然性が高い関係を背景として行われるものを指し、例えば、以下のもの等が含まれる。

・職務上の地位が上位の者による言動
・同僚又は部下による言動で、当該言動を行う者が業務上必要な知識や豊富な経験を有しており、当該者の協力を得なければ業務の円滑な遂行を行うことが困難であるもの
・同僚又は部下からの集団による行為で、これに抵抗又は拒絶することが困難であるもの

⑸「業務上必要かつ相当な範囲を超えた」言動とは、社会通念に照らし、当該言動が明らかに当該事業主の業務上必要性がない、又はその態様が相当でないものを指し、例えば、以下のもの等が含まれる。

・業務上明らかに必要性のない言動
・業務の目的を大きく逸脱した言動
・業務を遂行するための手段として不適当な言動
・当該行為の回数、行為者の数等、その態様や手段が社会通念に照らして許容される範囲を超える言動

この判断に当たっては、様々な要素（当該言動の目的、当該言動を受けた労働者の問題行動の有無や内容・程度を含む当該言動が行われた経緯や状況、業種・業態、業務の内容・性質、当該言動の態様・頻度・継続性、労働者の属性や心身の状況、行為者との関係性等）を総合的に考慮することが適当である。また、その際には、個別の事案における労働者の行動が問題となる場合は、その内容・程度とそれに対する指導の態様等の相対的な関係性が重要な要素となることについても留意が必要である。

⑹「労働者の就業環境が害される」とは、当該言動により労働者が身体的又は精神的に苦痛を与えられ、労働者の就業環境が不快なものとなったため、能力の発揮に重大な悪影響が生じる等当該労働者が就業する上で看過できない程度の支障が生じることを指す。

この判断に当たっては、「平均的な労働者の感じ方」、すなわち、同様の状況で当該言動を受けた場合に、社会一般の労働者が、就業する上で看過できない程度の支障が生じたと感じるような言動であるかどうかを基準とすることが適

当である。

(7)　職場におけるパワーハラスメントは、(1)の①から③までの要素を全て満たすものをいい（客観的にみて、業務上必要かつ相当な範囲で行われる適正な業務指示や指導については、職場におけるパワーハラスメントには該当しない。）、個別の事案についてその該当性を判断するに当たっては、(5)で総合的に考慮することとした事項のほか、当該言動により労働者が受ける身体的又は精神的な苦痛の程度等を総合的に考慮して判断することが必要である。

このため、個別の事案の判断に際しては、相談窓口の担当者等がこうした事項に十分留意し、相談を行った労働者（以下「相談者」という。）の心身の状況や当該言動が行われた際の受け止めなどその認識にも配慮しながら、相談者及び行為者の双方から丁寧に事実確認等を行うことも重要である。

これらのことを十分踏まえて、予防から再発防止に至る一連の措置を適切に講じることが必要である。

職場におけるパワーハラスメントの状況は多様であるが、代表的な言動の類型としては、以下のイからへまでのものがあり、当該言動の類型ごとに、典型的に職場におけるパワーハラスメントに該当し、又は該当しないと考えられる例としては、次のようなものがある。

ただし、個別の事案の状況等によって判断が異なる場合もあり得ること、また、次の例は限定列挙ではないことに十分留意し、4(2)ロにあるとおり広く相談に対応するなど、適切な対応を行うようにすることが必要である。

なお、職場におけるパワーハラスメントに該当すると考えられる以下の例については、行為者と当該言動を受ける労働者の関係性を個別に記載していないが、(4)にあるとおり、優越的な関係を背景として行われたものであることが前提である。

イ　身体的な攻撃（暴行・傷害）

(イ)　該当すると考えられる例

①　殴打、足蹴りを行うこと。

②　相手に物を投げつけること。

(ロ)　該当しないと考えられる例

①　誤ってぶつかること。

ロ　精神的な攻撃（脅迫・名誉棄損・侮辱・ひどい暴言）

(イ)　該当すると考えられる例

①　人格を否定するような言動を行うこと。相手の性的指向・性自認に関する侮辱的な言動を行うことを含む。

② 業務の遂行に関する必要以上に長時間にわたる厳しい叱責を繰り返し行うこと。

③ 他の労働者の面前における大声での威圧的な叱責を繰り返し行うこと。

④ 相手の能力を否定し、罵倒するような内容の電子メール等を当該相手を含む複数の労働者宛てに送信すること。

(ロ) 該当しないと考えられる例

① 遅刻など社会的ルールを欠いた言動が見られ、再三注意してもそれが改善されない労働者に対して一定程度強く注意をすること。

② その企業の業務の内容や性質等に照らして重大な問題行動を行った労働者に対して、一定程度強く注意をすること。

ハ 人間関係からの切り離し（隔離・仲間外し・無視）

(イ) 該当すると考えられる例

① 自身の意に沿わない労働者に対して、仕事を外し、長期間にわたり、別室に隔離したり、自宅研修させたりすること。

② 一人の労働者に対して同僚が集団で無視をし、職場で孤立させること。

(ロ) 該当しないと考えられる例

① 新規に採用した労働者を育成するために短期間集中的に別室で研修等の教育を実施すること。

② 懲戒規定に基づき処分を受けた労働者に対し、通常の業務に復帰させるために、その前に、一時的に別室で必要な研修を受けさせること。

ニ 過大な要求（業務上明らかに不要なことや遂行不可能なことの強制・仕事の妨害）

(イ) 該当すると考えられる例

① 長期間にわたる、肉体的苦痛を伴う過酷な環境下での勤務に直接関係のない作業を命ずること。

② 新卒採用者に対し、必要な教育を行わないまま到底対応できないレベルの業績目標を課し、達成できなかったことに対し厳しく叱責すること。

③ 労働者に業務とは関係のない私的な雑用の処理を強制的に行わせること。

(ロ) 該当しないと考えられる例

① 労働者を育成するために現状よりも少し高いレベルの業務を任せること。

② 業務の繁忙期に、業務上の必要性から、当該業務の担当者に通常時よりも一定程度多い業務の処理を任せること。

ホ 過小な要求（業務上の合理性なく能力や経験とかけ離れた程度の低い仕事を命じることや仕事を与えないこと）

(イ) 該当すると考えられる例

① 管理職である労働者を退職させるため、誰でも遂行可能な業務を行わせること。

② 気にいらない労働者に対して嫌がらせのために仕事を与えないこと。

(ロ) 該当しないと考えられる例

① 労働者の能力に応じて、一定程度業務内容や業務量を軽減すること。

ヘ 個の侵害（私的なことに過度に立ち入ること）

(イ) 該当すると考えられる例

① 労働者を職場外でも継続的に監視したり、私物の写真撮影をしたりすること。

② 労働者の性的指向・性自認や病歴、不妊治療等の機微な個人情報について、当該労働者の了解を得ずに他の労働者に暴露すること。

(ロ) 該当しないと考えられる例

① 労働者への配慮を目的として、労働者の家族の状況等についてヒアリングを行うこと。

② 労働者の了解を得て、当該労働者の性的指向・性自認や病歴、不妊治療等の機微な個人情報について、必要な範囲で人事労務部門の担当者に伝達し、配慮を促すこと。

この点、プライバシー保護の観点から、ヘ(イ)②のように機微な個人情報を暴露することのないよう、労働者に周知・啓発する等の措置を講じることが必要である。

3 事業主等の責務

(1) 事業主の責務

法第 30 条の 3 第 2 項の規定により、事業主は、職場におけるパワーハラスメントを行ってはならないことその他職場におけるパワーハラスメントに起因する問題（以下「パワーハラスメント問題」という。）に対するその雇用する労働者の関心と理解を深めるとともに、当該労働者が他の労働者（他の事業主が雇用する労働者及び求職者を含む。(2)において同じ。）に対する言動に必要な注意を払うよう、研修の実施その他の必要な配慮をするほか、国の講ずる同条第 1 項の広報活動、啓発活動その他の措置に協力するように努めなければならない。なお、職場におけるパワーハラスメントに起因する問題としては、例えば、労働者の意欲の低下などによる職場環境の悪化や職場全体の生産性の低下、労働者の健康状態の悪化、休職や退職などにつながり得ること、これらに伴う経営的な損失等が考えられる。

また、事業主（その者が法人である場合にあっては、その役員）は、自らも、パワーハラスメント問題に対する関心と理解を深め、労働者（他の事業主が雇用する労働者及び求職者を含む。）に対する言動に必要な注意を払うように努めなければならない。

(2) 労働者の責務

法第30条の3第4項の規定により、労働者は、パワーハラスメント問題に対する関心と理解を深め、他の労働者に対する言動に必要な注意を払うとともに、事業主の講ずる4の措置に協力するように努めなければならない。

4 事業主が職場における優越的な関係を背景とした言動に起因する問題に関し雇用管理上講ずべき措置の内容

事業主は、当該事業主が雇用する労働者又は当該事業主（その者が法人である場合にあっては、その役員）が行う職場におけるパワーハラスメントを防止するため、雇用管理上次の措置を講じなければならない。

(1) 事業主の方針等の明確化及びその周知・啓発

事業主は、職場におけるパワーハラスメントに関する方針の明確化、労働者に対するその方針の周知・啓発として、次の措置を講じなければならない。

なお、周知・啓発をするに当たっては、職場におけるパワーハラスメントの防止の効果を高めるため、その発生の原因や背景について労働者の理解を深めることが重要である。その際、職場におけるパワーハラスメントの発生の原因や背景には、労働者同士のコミュニケーションの希薄化などの職場環境の問題もあると考えられる。そのため、これらを幅広く解消していくことが職場におけるパワーハラスメントの防止の効果を高める上で重要であることに留意することが必要である。

イ 職場におけるパワーハラスメントの内容及び職場におけるパワーハラスメントを行ってはならない旨の方針を明確化し、管理監督者を含む労働者に周知・啓発すること。

（事業主の方針等を明確化し、労働者に周知・啓発していると認められる例）

① 就業規則その他の職場における服務規律等を定めた文書において、職場におけるパワーハラスメントを行ってはならない旨の方針を規定し、当該規定と併せて、職場におけるパワーハラスメントの内容及びその発生の原因や背景を労働者に周知・啓発すること。

② 社内報、パンフレット、社内ホームページ等広報又は啓発のための資料等に職場におけるパワーハラスメントの内容及びその発生の原因や背景並びに職場におけるパワーハラスメントを行ってはならない旨の方針を記載

し、配布等すること。

③　職場におけるパワーハラスメントの内容及びその発生の原因や背景並びに職場におけるパワーハラスメントを行ってはならない旨の方針を労働者に対して周知・啓発するための研修、講習等を実施すること。

ロ　職場におけるパワーハラスメントに係る言動を行った者については、厳正に対処する旨の方針及び対処の内容を就業規則その他の職場における服務規律等を定めた文書に規定し、管理監督者を含む労働者に周知・啓発すること。

（対処方針を定め、労働者に周知・啓発していると認められる例）

①　就業規則その他の職場における服務規律等を定めた文書において、職場におけるパワーハラスメントに係る言動を行った者に対する懲戒規定を定め、その内容を労働者に周知・啓発すること。

②　職場におけるパワーハラスメントに係る言動を行った者は、現行の就業規則その他の職場における服務規律等を定めた文書において定められている懲戒規定の適用の対象となる旨を明確化し、これを労働者に周知・啓発すること。

⑵　相談（苦情を含む。以下同じ。）に応じ、適切に対応するために必要な体制の整備

事業主は、労働者からの相談に対し、その内容や状況に応じ適切かつ柔軟に対応するために必要な体制の整備として、次の措置を講じなければならない。

イ　相談への対応のための窓口（以下「相談窓口」という。）をあらかじめ定め、労働者に周知すること。

（相談窓口をあらかじめ定めていると認められる例）

①　相談に対応する担当者をあらかじめ定めること。

②　相談に対応するための制度を設けること。

③　外部の機関に相談への対応を委託すること。

ロ　イの相談窓口の担当者が、相談に対し、その内容や状況に応じ適切に対応できるようにすること。また、相談窓口においては、被害を受けた労働者が萎縮するなどして相談を躊躇する例もあること等も踏まえ、相談者の心身の状況や当該言動が行われた際の受け止めなどその認識にも配慮しながら、職場におけるパワーハラスメントが現実に生じている場合だけでなく、その発生のおそれがある場合や、職場におけるパワーハラスメントに該当するか否か微妙な場合であっても、広く相談に対応し、適切な対応を行うようにすること。例えば、放置すれば就業環境を害するおそれがある場合や、労働者同士のコミュニケーションの希薄化などの職場環境の問題が原因や背景となっ

てパワーハラスメントが生じるおそれがある場合等が考えられる。

（相談窓口の担当者が適切に対応することができるようにしていると認められる例）

① 相談窓口の担当者が相談を受けた場合、その内容や状況に応じて、相談窓口の担当者と人事部門とが連携を図ることができる仕組みとすること。

② 相談窓口の担当者が相談を受けた場合、あらかじめ作成した留意点などを記載したマニュアルに基づき対応すること。

③ 相談窓口の担当者に対し、相談を受けた場合の対応についての研修を行うこと。

⑶ 職場におけるパワーハラスメントに係る事後の迅速かつ適切な対応

事業主は、職場におけるパワーハラスメントに係る相談の申出があった場合において、その事案に係る事実関係の迅速かつ正確な確認及び適正な対処として、次の措置を講じなければならない。

イ 事案に係る事実関係を迅速かつ正確に確認すること。

（事案に係る事実関係を迅速かつ正確に確認していると認められる例）

① 相談窓口の担当者、人事部門又は専門の委員会等が、相談者及び行為者の双方から事実関係を確認すること。その際、相談者の心身の状況や当該言動が行われた際の受け止めなどその認識にも適切に配慮すること。

また、相談者と行為者との間で事実関係に関する主張に不一致があり、事実の確認が十分にできないと認められる場合には、第三者からも事実関係を聴取する等の措置を講ずること。

② 事実関係を迅速かつ正確に確認しようとしたが、確認が困難な場合などにおいて、法第 30 条の 6 に基づく調停の申請を行うことその他中立な第三者機関に紛争処理を委ねること。

ロ イにより、職場におけるパワーハラスメントが生じた事実が確認できた場合においては、速やかに被害を受けた労働者（以下「被害者」という。）に対する配慮のための措置を適正に行うこと。

（措置を適正に行っていると認められる例）

① 事案の内容や状況に応じ、被害者と行為者の間の関係改善に向けての援助、被害者と行為者を引き離すための配置転換、行為者の謝罪、被害者の労働条件上の不利益の回復、管理監督者又は事業場内産業保健スタッフ等による被害者のメンタルヘルス不調への相談対応等の措置を講ずること。

② 法第 30 条の 6 に基づく調停その他中立な第三者機関の紛争解決案に従った措置を被害者に対して講ずること。

ハ　イにより、職場におけるパワーハラスメントが生じた事実が確認できた場合においては、行為者に対する措置を適正に行うこと。

（措置を適正に行っていると認められる例）

①　就業規則その他の職場における服務規律等を定めた文書における職場におけるパワーハラスメントに関する規定等に基づき、行為者に対して必要な懲戒その他の措置を講ずること。

あわせて、事案の内容や状況に応じ、被害者と行為者の間の関係改善に向けての援助、被害者と行為者を引き離すための配置転換、行為者の謝罪等の措置を講ずること。

②　法第30条の6に基づく調停その他中立な第三者機関の紛争解決案に従った措置を行為者に対して講ずること。

ニ　改めて職場におけるパワーハラスメントに関する方針を周知・啓発する等の再発防止に向けた措置を講ずること。

なお、職場におけるパワーハラスメントが生じた事実が確認できなかった場合においても、同様の措置を講ずること。

（再発防止に向けた措置を講じていると認められる例）

①　職場におけるパワーハラスメントを行ってはならない旨の方針及び職場におけるパワーハラスメントに係る言動を行った者について厳正に対処する旨の方針を、社内報、パンフレット、社内ホームページ等広報又は啓発のための資料等に改めて掲載し、配布等すること。

②　労働者に対して職場におけるパワーハラスメントに関する意識を啓発するための研修、講習等を改めて実施すること。

(4)　(1)から(3)までの措置と併せて講ずべき措置

(1)から(3)までの措置を講ずるに際しては、併せて次の措置を講じなければならない。

イ　職場におけるパワーハラスメントに係る相談者・行為者等の情報は当該相談者・行為者等のプライバシーに属するものであることから、相談への対応又は当該パワーハラスメントに係る事後の対応に当たっては、相談者・行為者等のプライバシーを保護するために必要な措置を講ずるとともに、その旨を労働者に対して周知すること。なお、相談者・行為者等のプライバシーには、性的指向・性自認や病歴、不妊治療等の機微な個人情報も含まれるものであること。

（相談者・行為者等のプライバシーを保護するために必要な措置を講じていると認められる例）

① 相談者・行為者等のプライバシーの保護のために必要な事項をあらかじめマニュアルに定め、相談窓口の担当者が相談を受けた際には、当該マニュアルに基づき対応するものとすること。

② 相談者・行為者等のプライバシーの保護のために、相談窓口の担当者に必要な研修を行うこと。

③ 相談窓口においては相談者・行為者等のプライバシーを保護するために必要な措置を講じていることを、社内報、パンフレット、社内ホームページ等広報又は啓発のための資料等に掲載し、配布等すること。

ロ 法第30条の2第2項、第30条の5第2項及び第30条の6第2項の規定を踏まえ、労働者が職場におけるパワーハラスメントに関し相談をしたこと若しくは事実関係の確認等の事業主の雇用管理上講ずべき措置に協力したこと、都道府県労働局に対して相談、紛争解決の援助の求め若しくは調停の申請を行ったこと又は調停の出頭の求めに応じたこと（以下「パワーハラスメントの相談等」という。）を理由として、解雇その他不利益な取扱いをされない旨を定め、労働者に周知・啓発すること。

（不利益な取扱いをされない旨を定め、労働者にその周知・啓発することについて措置を講じていると認められる例）

① 就業規則その他の職場における服務規律等を定めた文書において、パワーハラスメントの相談等を理由として、労働者が解雇等の不利益な取扱いをされない旨を規定し、労働者に周知・啓発をすること。

② 社内報、パンフレット、社内ホームページ等広報又は啓発のための資料等に、パワーハラスメントの相談等を理由として、労働者が解雇等の不利益な取扱いをされない旨を記載し、労働者に配布等すること。

5 事業主が職場における優越的な関係を背景とした言動に起因する問題に関し行うことが望ましい取組の内容

事業主は、当該事業主が雇用する労働者又は当該事業主（その者が法人である場合にあっては、その役員）が行う職場におけるパワーハラスメントを防止するため、4の措置に加え、次の取組を行うことが望ましい。

(1) 職場におけるパワーハラスメントは、セクシュアルハラスメント（事業主が職場における性的な言動に起因する問題に関して雇用管理上講ずべき措置等についての指針（平成18年厚生労働省告示第615号）に規定する「職場におけるセクシュアルハラスメント」をいう。以下同じ。）、妊娠、出産等に関するハラスメント（事業主が職場における妊娠、出産等に関する言動に起因する問題に関して雇用管理上講ずべき措置等についての指針（平成28年厚生労働省告示第312号）に規定する「職場における妊娠、出産等に関するハラスメント」をいう。）、育児休業等に関するハラスメント（子の養育又は家族の介護を行い、又は行うこととなる労働者の職業生活と家庭生活との両立が図られるようにするために事業主が講ずべき措置等に関する指針（平成21年厚生労働省告示第509号）に規定する「職場における育児休業等に関するハラスメント」をいう。）その他のハラスメントと複合的に生じることも想定されることから、事業主は、例えば、セクシュアルハラスメント等の相談窓口と一体的に、職場におけるパワーハラスメントの相談窓口を設置し、一元的に相談に応じることのできる体制を整備することが望ましい。

（一元的に相談に応じることのできる体制の例）

① 相談窓口で受け付けることのできる相談として、職場におけるパワーハラスメントのみならず、セクシュアルハラスメント等も明示すること。

② 職場におけるパワーハラスメントの相談窓口がセクシュアルハラスメント等の相談窓口を兼ねること。

⑵ 事業主は、職場におけるパワーハラスメントの原因や背景となる要因を解消するため、次の取組を行うことが望ましい。

なお、取組を行うに当たっては、労働者個人のコミュニケーション能力の向上を図ることは、職場におけるパワーハラスメントの行為者・被害者の双方になることを防止する上で重要であることや、業務上必要かつ相当な範囲で行われる適正な業務指示や指導については、職場におけるパワーハラスメントには該当せず、労働者が、こうした適正な業務指示や指導を踏まえて真摯に業務を遂行する意識を持つことも重要であることに留意することが必要である。

イ コミュニケーションの活性化や円滑化のために研修等の必要な取組を行うこと。

（コミュニケーションの活性化や円滑化のために必要な取組例）

① 日常的なコミュニケーションを取るよう努めることや定期的に面談やミーティングを行うことにより、風通しの良い職場環境や互いに助け合える労働者同士の信頼関係を築き、コミュニケーションの活性化を図ること。

② 感情をコントロールする手法についての研修、コミュニケーションスキルアップについての研修、マネジメントや指導についての研修等の実施や資料の配布等により、労働者が感情をコントロールする能力やコミュニケーションを円滑に進める能力等の向上を図ること。

ロ 適正な業務目標の設定等の職場環境の改善のための取組を行うこと。

（職場環境の改善のための取組例）

① 適正な業務目標の設定や適正な業務体制の整備、業務の効率化による過剰な長時間労働の是正等を通じて、労働者に過度に肉体的・精神的負荷を強いる職場環境や組織風土を改善すること。

(3) 事業主は、4の措置を講じる際に、必要に応じて、労働者や労働組合等の参画を得つつ、アンケート調査や意見交換等を実施するなどにより、その運用状況の的確な把握や必要な見直しの検討等に努めることが重要である。なお、労働者や労働組合等の参画を得る方法として、例えば、労働安全衛生法（昭和47年法律第57号）第18条第1項に規定する衛生委員会の活用なども考えられる。

6 事業主が自らの雇用する労働者以外の者に対する言動に関し行うことが望ましい取組の内容

3の事業主及び労働者の責務の趣旨に鑑みれば、事業主は、当該事業主が雇用する労働者が、他の労働者（他の事業主が雇用する労働者及び求職者を含む。）のみならず、個人事業主、インターンシップを行っている者等の労働者以外の者に対する言動についても必要な注意を払うよう配慮するとともに、事業主（その者が法人である場合にあっては、その役員）自らと労働者も、労働者以外の者に対する言動について必要な注意を払うよう努めることが望ましい。

こうした責務の趣旨も踏まえ、事業主は、4(1)イの職場におけるパワーハラスメントを行ってはならない旨の方針の明確化等を行う際に、当該事業主が雇用する労働者以外の者（他の事業主が雇用する労働者、就職活動中の学生等の求職者及び労働者以外の者）に対する言動についても、同様の方針を併せて示すことが望ましい。

また、これらの者から職場におけるパワーハラスメントに類すると考えられる相談があった場合には、その内容を踏まえて、4の措置も参考にしつつ、必要に応じて適切な対応を行うように努めることが望ましい。

7 事業主が他の事業主の雇用する労働者等からのパワーハラスメントや顧客等からの著しい迷惑行為に関し行うことが望ましい取組の内容

事業主は、取引先等の他の事業主が雇用する労働者又は他の事業主（その者が法人である場合にあっては、その役員）からのパワーハラスメントや顧客等からの著しい迷惑行為（暴行、脅迫、ひどい暴言、著しく不当な要求等）により、その雇用する労働者が就業環境を害されることのないよう、雇用管理上の配慮として、例えば、(1)及び(2)の取組を行うことが望ましい。また、(3)のような取組を行うことも、その雇用する労働者が被害を受けることを防止する上で有効と考えられる。

(1) 相談に応じ、適切に対応するために必要な体制の整備

事業主は、他の事業主が雇用する労働者等からのパワーハラスメントや顧客等からの著しい迷惑行為に関する労働者からの相談に対し、その内容や状況に

応じ適切かつ柔軟に対応するために必要な体制の整備として、4(2)イ及びロの例も参考にしつつ、次の取組を行うことが望ましい。

また、併せて、労働者が当該相談をしたことを理由として、解雇その他不利益な取扱いを行ってはならない旨を定め、労働者に周知・啓発することが望ましい。

イ　相談先（上司、職場内の担当者等）をあらかじめ定め、これを労働者に周知すること。

ロ　イの相談を受けた者が、相談に対し、その内容や状況に応じ適切に対応できるようにすること。

(2)　被害者への配慮のための取組

事業主は、相談者から事実関係を確認し、他の事業主が雇用する労働者等からのパワーハラスメントや顧客等からの著しい迷惑行為が認められた場合には、速やかに被害者に対する配慮のための取組を行うことが望ましい。

（被害者への配慮のための取組例）

事案の内容や状況に応じ、被害者のメンタルヘルス不調への相談対応、著しい迷惑行為を行った者に対する対応が必要な場合に一人で対応させない等の取組を行うこと。

(3)　他の事業主が雇用する労働者等からのパワーハラスメントや顧客等からの著しい迷惑行為による被害を防止するための取組

(1)及び(2)の取組のほか、他の事業主が雇用する労働者等からのパワーハラスメントや顧客等からの著しい迷惑行為からその雇用する労働者が被害を受けることを防止する上では、事業主が、こうした行為への対応に関するマニュアルの作成や研修の実施等の取組を行うことも有効と考えられる。

また、業種・業態等によりその被害の実態や必要な対応も異なると考えられることから、業種・業態等における被害の実態や業務の特性等を踏まえて、それぞれの状況に応じた必要な取組を進めることも、被害の防止に当たっては効果的と考えられる。

資料2　セクハラ防止指針

事業主が職場における性的な言動に起因する問題に関して雇用管理上講ずべき措置等についての指針

（平成18年厚生労働省告示第615号）

最終改正：令和2年1月15日厚生労働省告示第6号

1　はじめに

この指針は、雇用の分野における男女の均等な機会及び待遇の確保等に関する法律（昭和47年法律第113号。以下「法」という。）第11条第1項から第3項までに規定する事業主が職場において行われる性的な言動に対するその雇用する労働者の対応により当該労働者がその労働条件につき不利益を受け、又は当該性的な言動により当該労働者の就業環境が害されること（以下「職場におけるセクシュアルハラスメント」という。）のないよう雇用管理上講ずべき措置等について、同条第4項の規定に基づき事業主が適切かつ有効な実施を図るために必要な事項について定めたものである。

2　職場におけるセクシュアルハラスメントの内容

⑴　職場におけるセクシュアルハラスメントには、職場において行われる性的な言動に対する労働者の対応により当該労働者がその労働条件につき不利益を受けるもの（以下「対価型セクシュアルハラスメント」という。）と、当該性的な言動により労働者の就業環境が害されるもの（以下「環境型セクシュアルハラスメント」という。）がある。

なお、職場におけるセクシュアルハラスメントには、同性に対するものも含まれるものである。また、被害を受けた者（以下「被害者」という。）の性的指向又は性自認にかかわらず、当該者に対する職場におけるセクシュアルハラスメントも、本指針の対象となるものである。

⑵　「職場」とは、事業主が雇用する労働者が業務を遂行する場所を指し、当該労働者が通常就業している場所以外の場所であっても、当該労働者が業務を遂行する場所については、「職場」に含まれる。取引先の事務所、取引先と打合せをするための飲食店、顧客の自宅等であっても、当該労働者が業務を遂行する場所であればこれに該当する。

⑶　「労働者」とは、いわゆる正規雇用労働者のみならず、パートタイム労働者、契約社員等いわゆる非正規雇用労働者を含む事業主が雇用する労働者の全てをいう。

また、派遣労働者については、派遣元事業主のみならず、労働者派遣の役務の提供を受ける者についても、労働者派遣事業の適正な運営の確保及び派遣労働者の保護等に関する法律（昭和60年法律第88号）第47条の2の規定により、その指揮命令の下に労働させる派遣労働者を雇用する事業主とみなされ、法第11条第1項及び第11条の2第2項の規定が適用されることから、労働者派遣の役務の提供を受ける者は、派遣労働者についてもその雇用する労働者と同様に、3(1)の配慮及び4の措置を講ずることが必要である。なお、法第11条第2項、第17条第2項及び第18条第2項の労働者に対する不利益な取扱いの禁止については、派遣労働者も対象に含まれるものであり、派遣元事業主のみならず、労働者派遣の役務の提供を受ける者もまた、当該者に派遣労働者が職場におけるセクシュアルハラスメントの相談を行ったこと等を理由として、当該派遣労働者に係る労働者派遣の役務の提供を拒む等、当該派遣労働者に対する不利益な取扱いを行ってはならない。

(4) 「性的な言動」とは、性的な内容の発言及び性的な行動を指し、この「性的な内容の発言」には、性的な事実関係を尋ねること、性的な内容の情報を意図的に流布すること等が、「性的な行動」には、性的な関係を強要すること、必要なく身体に触ること、わいせつな図画を配布すること等が、それぞれ含まれる。当該言動を行う者には、労働者を雇用する事業主（その者が法人である場合にあってはその役員。以下この(4)において同じ。）、上司、同僚に限らず、取引先等の他の事業主又はその雇用する労働者、顧客、患者又はその家族、学校における生徒等もなり得る。

(5) 「対価型セクシュアルハラスメント」とは、職場において行われる労働者の意に反する性的な言動に対する労働者の対応により、当該労働者が解雇、降格、減給等の不利益を受けることであって、その状況は多様であるが、典型的な例として、次のようなものがある。

イ　事務所内において事業主が労働者に対して性的な関係を要求したが、拒否されたため、当該労働者を解雇すること。

ロ　出張中の車中において上司が労働者の腰、胸等に触ったが、抵抗されたため、当該労働者について不利益な配置転換をすること。

ハ　営業所内において事業主が日頃から労働者に係る性的な事柄について公然と発言していたが、抗議されたため、当該労働者を降格すること。

(6) 「環境型セクシュアルハラスメント」とは、職場において行われる労働者の意に反する性的な言動により労働者の就業環境が不快なものとなったため、能力の発揮に重大な悪影響が生じる等当該労働者が就業する上で看過できない程度の支障が生じることであって、その状況は多様であるが、典型的な例として、次のようなものがある。

イ　事務所内において上司が労働者の腰、胸等に度々触ったため、当該労働者が苦痛に感じてその就業意欲が低下していること。

ロ　同僚が取引先において労働者に係る性的な内容の情報を意図的かつ継続的に流布したため、当該労働者が苦痛に感じて仕事が手につかないこと。

ハ　労働者が抗議をしているにもかかわらず、事務所内にヌードポスターを掲示しているため、当該労働者が苦痛に感じて業務に専念できないこと。

3　事業主等の責務

(1)　事業主の責務

法第11条の2第2項の規定により、事業主は、職場におけるセクシュアルハラスメントを行ってはならないことその他職場におけるセクシュアルハラスメントに起因する問題（以下「セクシュアルハラスメント問題」という。）に対するその雇用する労働者の関心と理解を深めるとともに、当該労働者が他の労働者（他の事業主が雇用する労働者及び求職者を含む。(2)において同じ。）に対する言動に必要な注意を払うよう、研修の実施その他の必要な配慮をするほか、国の講ずる同条第1項の広報活動、啓発活動その他の措置に協力するように努めなければならない。なお、職場におけるセクシュアルハラスメントに起因する問題としては、例えば、労働者の意欲の低下などによる職場環境の悪化や職場全体の生産性の低下、労働者の健康状態の悪化、休職や退職などにつながり得ること、これらに伴う経営的な損失等が考えられる。

また、事業主（その者が法人である場合にあっては、その役員）は、自らも、セクシュアルハラスメント問題に対する関心と理解を深め、労働者（他の事業主が雇用する労働者及び求職者を含む。）に対する言動に必要な注意を払うように努めなければならない。

(2)　労働者の責務

法第11条の2第4項の規定により、労働者は、セクシュアルハラスメント問題に対する関心と理解を深め、他の労働者に対する言動に必要な注意を払うとともに、事業主の講ずる4の措置に協力するように努めなければならない。

4　事業主が職場における性的な言動に起因する問題に関し雇用管理上講ずべき措置の内容

事業主は、職場におけるセクシュアルハラスメントを防止するため、雇用管理上次の措置を講じなければならない。

(1)　事業主の方針等の明確化及びその周知・啓発

事業主は、職場におけるセクシュアルハラスメントに関する方針の明確化、労働者に対するその方針の周知・啓発として、次の措置を講じなければならない。

なお、周知・啓発をするに当たっては、職場におけるセクシュアルハラスメントの防止の効果を高めるため、その発生の原因や背景について労働者の理解を深めることが重要である。その際、職場におけるセクシュアルハラスメントの発生の原因や背景には、性別役割分担意識に基づく言動もあると考えられ、こうした言動をなくしていくことがセクシュアルハラスメントの防止の効果を高める上で重要であることに留意することが必要である。

イ　職場におけるセクシュアルハラスメントの内容及び職場におけるセクシュアルハラスメントを行ってはならない旨の方針を明確化し、管理監督者を含む労働者に周知・啓発すること。

（事業主の方針を明確化し、労働者に周知・啓発していると認められる例）

①　就業規則その他の職場における服務規律等を定めた文書において、職場におけるセクシュアルハラスメントを行ってはならない旨の方針を規定し、当該規定と併せて、職場におけるセクシュアルハラスメントの内容及び性別役割分担意識に基づく言動がセクシュアルハラスメントの発生の原因や背景となり得ることを、労働者に周知・啓発すること。

②　社内報、パンフレット、社内ホームページ等広報又は啓発のための資料等に職場におけるセクシュアルハラスメントの内容及び性別役割分担意識に基づく言動がセクシュアルハラスメントの発生の原因や背景となり得ること並びに職場におけるセクシュアルハラスメントを行ってはならない旨の方針を記載し、配布等すること。

③　職場におけるセクシュアルハラスメントの内容及び性別役割分担意識に基づく言動がセクシュアルハラスメントの発生の原因や背景となり得ること並びに職場におけるセクシュアルハラスメントを行ってはならない旨の方針を労働者に対して周知・啓発するための研修、講習等を実施すること。

ロ　職場におけるセクシュアルハラスメントに係る性的な言動を行った者については、厳正に対処する旨の方針及び対処の内容を就業規則その他の職場における服務規律等を定めた文書に規定し、管理監督者を含む労働者に周知・啓発すること。

（対処方針を定め、労働者に周知・啓発していると認められる例）

①　就業規則その他の職場における服務規律等を定めた文書において、職場におけるセクシュアルハラスメントに係る性的な言動を行った者に対する懲戒規定を定め、その内容を労働者に周知・啓発すること。

②　職場におけるセクシュアルハラスメントに係る性的な言動を行った者は、現行の就業規則その他の職場における服務規律等を定めた文書において定められている懲戒規定の適用の対象となる旨を明確化し、これを労働者に周知・啓発すること。

⑵　相談（苦情を含む。以下同じ。）に応じ、適切に対応するために必要な体制の整備

事業主は、労働者からの相談に対し、その内容や状況に応じ適切かつ柔軟に対応するために必要な体制の整備として、次の措置を講じなければならない。

イ　相談への対応のための窓口（以下「相談窓口」という。）をあらかじめ定め、労働者に周知すること。

（相談窓口をあらかじめ定めていると認められる例）

①　相談に対応する担当者をあらかじめ定めること。

②　相談に対応するための制度を設けること。

③　外部の機関に相談への対応を委託すること。

ロ　イの相談窓口の担当者が、相談に対し、その内容や状況に応じ適切に対応できるようにすること。また、相談窓口においては、被害を受けた労働者が萎縮するなどして相談を躊躇する例もあること等も踏まえ、相談者の心身の状況や当該言動が行われた際の受け止めなどその認識にも配慮しながら、職場におけるセクシュアルハラスメントが現実に生じている場合だけでなく、その発生のおそれがある場合や、職場におけるセクシュアルハラスメントに該当するか否か微妙な場合であっても、広く相談に対応し、適切な対応を行うようにすること。例えば、放置すれば就業環境を害するおそれがある場合や、性別役割分担意識に基づく言動が原因や背景となってセクシュアルハラスメントが生じるおそれがある場合等が考えられる。

（相談窓口の担当者が適切に対応することができるようにしていると認められる例）

①　相談窓口の担当者が相談を受けた場合、その内容や状況に応じて、相談窓口の担当者と人事部門とが連携を図ることができる仕組みとすること。

②　相談窓口の担当者が相談を受けた場合、あらかじめ作成した留意点などを記載したマニュアルに基づき対応すること。

③　相談窓口の担当者に対し、相談を受けた場合の対応についての研修を行うこと。

⑶　職場におけるセクシュアルハラスメントに係る事後の迅速かつ適切な対応

事業主は、職場におけるセクシュアルハラスメントに係る相談の申出があった場合において、その事案に係る事実関係の迅速かつ正確な確認及び適正な対処として、次の措置を講じなければならない。

イ　事案に係る事実関係を迅速かつ正確に確認すること。なお、セクシュアルハラスメントに係る性的な言動の行為者とされる者（以下「行為者」とい

う。）が、他の事業主が雇用する労働者又は他の事業主（その者が法人である場合にあっては、その役員）である場合には、必要に応じて、他の事業主に事実関係の確認への協力を求めることも含まれる。

（事案に係る事実関係を迅速かつ正確に確認していると認められる例）

① 相談窓口の担当者、人事部門又は専門の委員会等が、相談を行った労働者（以下「相談者」という。）及び行為者の双方から事実関係を確認すること。その際、相談者の心身の状況や当該言動が行われた際の受け止め方などその認識にも適切に配慮すること。

また、相談者と行為者との間で事実関係に関する主張に不一致があり、事実の確認が十分にできないと認められる場合には、第三者からも事実関係を聴取する等の措置を講ずること。

② 事実関係を迅速かつ正確に確認しようとしたが、確認が困難な場合などにおいて、法第18条に基づく調停の申請を行うことその他中立な第三者機関に紛争処理を委ねること。

ロ イにより、職場におけるセクシュアルハラスメントが生じた事実が確認できた場合においては、速やかに被害を受けた労働者（以下「被害者」という。）に対する配慮のための措置を適正に行うこと。

（措置を適正に行っていると認められる例）

① 事案の内容や状況に応じ、被害者と行為者の間の関係改善に向けての援助、被害者と行為者を引き離すための配置転換、行為者の謝罪、被害者の労働条件上の不利益の回復、管理監督者又は事業場内産業保健スタッフ等による被害者のメンタルヘルス不調への相談対応等の措置を講ずること。

② 法第18条に基づく調停その他中立な第三者期間の紛争解決案に従った措置を被害者に対して講ずること。

ハ イにより、職場におけるセクシュアルハラスメントが生じた事実が確認できた場合においては、行為者に対する措置を適正に行うこと。

（措置を適正に行っていると認められる例）

① 就業規則その他の職場における服務規律等を定めた文書における職場におけるセクシュアルハラスメントに関する規定等に基づき、行為者に対して必要な懲戒その他の措置を講ずること。あわせて事案の内容や状況に応じ、被害者と行為者の間の関係改善に向けての援助、被害者と行為者を引き離すための配置転換、行為者の謝罪等の措置を講ずること。

② 法第18条に基づく調停その他中立な第三者機関の紛争解決案に従った措置を行為者に対して講ずること。

ニ　改めて職場におけるセクシュアルハラスメントに関する方針を周知・啓発する等の再発防止に向けた措置を講ずること。

なお、セクシュアルハラスメントに係る性的な言動の行為者が、他の事業主が雇用する労働者又は他の事業主（その者が法人である場合にあっては、その役員）である場合には、必要に応じて、他の事業主に再発防止に向けた措置へ協力を求めることも含まれる。

また、職場におけるセクシュアルハラスメントが生じた事実が確認できなかった場合においても、同様の措置を講ずること。

（再発防止に向けた措置を講じていると認められる例）

①　職場におけるセクシュアルハラスメントを行ってはならない旨の方針及び職場におけるセクシュアルハラスメントに係る性的な言動を行った者について厳正に対処する旨の方針を、社内報、パンフレット、社内ホームページ等広報又は啓発のための資料等に改めて掲載し、配布等すること。

②　労働者に対して職場におけるセクシュアルハラスメントに関する意識を啓発するための研修、講習等を改めて実施すること。

(4)　(1)から(3)までの措置と併せて講ずべき措置

(1)から(3)までの措置を講ずるに際しては、併せて次の措置を講じなければならない。

イ　職場におけるセクシュアルハラスメントに係る相談者・行為者等の情報は当該相談者・行為者等のプライバシーに属するものであることから、相談への対応又は当該セクシュアルハラスメントに係る事後の対応に当たっては、相談者・行為者等のプライバシーを保護するために必要な措置を講ずるとともに、その旨を労働者に対して周知すること。

（相談者・行為者等のプライバシーを保護するために必要な措置を講じていると認められる例）

①　相談者・行為者等のプライバシーの保護のために必要な事項をあらかじめマニュアルに定め、相談窓口の担当者が相談を受けた際には、当該マニュアルに基づき対応するものとすること。

②　相談者・行為者等のプライバシーの保護のために、相談窓口の担当者に必要な研修を行うこと。

③　相談窓口においては相談者・行為者等のプライバシーを保護するために必要な措置を講じていることを、社内報、パンフレット、社内ホームページ等広報又は啓発のための資料等に掲載し、配布等すること。

ロ　法第11条第2項、第17条第2項及び第18条第2項の規定を踏まえ、労働者が職場におけるセクシュアルハラスメントに関し相談をしたこと若しくは事実関係の確認等の事業主の雇用管理上講ずべき措置に協力したこと、都道府県労働局に対して相談、紛争解決の援助の求め若しくは調停の申請を行ったこと又は調停の出頭の求めに応じたこと（以下「セクシュアルハラスメントの相談等」という。）を理由として、解雇その他不利益な取扱いをされない旨を定め、労働者に周知・啓発すること。

（不利益な取扱いをされない旨を定め、労働者にその周知・啓発することについて措置を講じていると認められる例）

① 就業規則その他の職場における服務規律等を定めた文書において、セクシュアルハラスメントの相談等を理由として、当該労働者が解雇等の不利益な取扱いをされない旨を規定し、労働者に周知・啓発をすること。

② 社内報、パンフレット、社内ホームページ等広報又は啓発のための資料等に、セクシュアルハラスメントの相談等を理由として、当該労働者が解雇等の不利益な取扱いをされない旨を記載し、労働者に配布等すること。

5 他の事業主の講ずる雇用管理上の措置の実施に関する協力

法第11条第3項の規定により、事業主は、当該事業主が雇用する労働者又は当該事業主（その者が法人である場合にあっては、その役員）による他の事業主の雇用する労働者に対する職場におけるセクシュアルハラスメントに関し、他の事業主から、事実関係の確認等の雇用管理上の措置の実施に関し必要な協力を求められた場合には、これに応ずるように努めなければならない。

また、同項の規定の趣旨に鑑みれば、事業主が、他の事業主から雇用管理上の措置への協力を求められたことを理由として、当該事業主に対し、当該事業主との契約を解除する等の不利益な取扱いを行うことは望ましくないものである。

6 事業主が職場における性的な言動に起因する問題に関し行うことが望ましい取組の内容

事業主は、職場におけるセクシュアルハラスメントを防止するため、4の措置に加え、次の取組を行うことが望ましい。

(1) 職場におけるセクシュアルハラスメントは、パワーハラスメント（事業主が職場における優越的な関係を背景とした言動に起因する問題に関して雇用管理上講ずべき措置等についての指針（令和2年厚生労働省告示第5号）に規定する「職場におけるパワーハラスメント」をいう。以下同じ。）、妊娠、出産等に関するハラスメント（事業主が職場における妊娠、出産等に関する言動に起因する問題に関して雇用管理上講ずべき措置等についての指針（平成28年厚生労働省告示第312号）に規定する「職場における妊娠、出産等に関するハラスメント」をいう。)、育児休業等に関するハラスメント（子の養育又は家族の介護を行い、又は行うこととなる労働者の職業生活と家庭生活との両立が図られるようにするために事業主が講ずべき措置等に関する指針（平成21年厚生労働省告示第509号）に規定する「職場における育児休業等に関するハラスメント」をいう。）その他のハラスメントと複合的に生じることも想定されることから、事業主は、例えば、パワーハラスメント等の相談窓口と一体的に、職場におけるセクシュアルハラスメントの相談窓口を設置し、一元的に相談に応じることのできる体制を整備することが望ましい。

（一元的に相談に応じることのできる体制の例）

① 相談窓口で受け付けることのできる相談として、職場におけるセクシュアルハラスメントのみならず、パワーハラスメント等も明示すること。

② 職場におけるセクシュアルハラスメントの相談窓口がパワーハラスメント等の相談窓口を兼ねること。

⑵ 事業主は、4の措置を講じる際に、必要に応じて、労働者や労働組合等の参画を得つつ、アンケート調査や意見交換等を実施するなどにより、その運用状況の的確な把握や必要な見直しの検討等に努めることが重要である。なお、労働者や労働組合等の参画を得る方法として、例えば、労働安全衛生法（昭和47年法律第57号）第18条第1項に規定する衛生委員会の活用なども考えられる。

7 事業主が自らの雇用する労働者以外の者に対する言動に関し行うことが望ましい取組の内容

3の事業主及び労働者の責務の趣旨に鑑みれば、事業主は、当該事業主が雇用する労働者が、他の労働者（他の事業主が雇用する労働者及び求職者を含む。）のみならず、個人事業主、インターンシップを行っている者等の労働者以外の者に対する言動についても必要な注意を払うよう配慮するとともに、事業主（その者が法人である場合にあっては、その役員）自らと労働者も、労働者以外の者に対する言動について必要な注意を払うよう努めることが望ましい。

こうした責務の趣旨も踏まえ、事業主は、4⑴イの職場におけるセクシュアルハラスメントを行ってはならない旨の方針の明確化等を行う際に、当該事業主が雇用する労働者以外の者（他の事業主が雇用する労働者、就職活動中の学生等の求職者及び労働者以外の者）に対する言動についても、同様の方針を併せて示すことが望ましい。

また、これらの者から職場におけるセクシュアルハラスメントに類すると考えられる相談があった場合には、その内容を踏まえて、4の措置も参考にしつつ、必要に応じて適切な対応を行うように努めることが望ましい。

装　丁　　やぶはな　あきお

労務管理者必携！
パワハラとメンタルヘルス対策の法律知識

2020年7月17日　第1刷発行

編　者　　デイリー法学選書編修委員会
発行者　　株式会社　三省堂　代表者　北口克彦
印刷者　　三省堂印刷株式会社
発行所　　株式会社　三省堂
〒101-8371　東京都千代田区神田三崎町二丁目22番14号
電話　編集（03）3230-9411　営業（03）3230-9412
https://www.sanseido.co.jp/
〈DHS パワハラ・192pp.〉

ISBN978-4-385-32525-5